# A.J. Greimas : maître de la fiducie

Paul Hermans

# A.J. Greimas : maître de la fiducie

## Raccommoder sens et (con)science

Delft

L'auteur remercie François Rastier pour ses précieux conseils
à propos du manuscrit initial de ce livre

Couverture : design graphique par Hugo Montaudon
L'image sous licence :  lightwise/© 123rf.com

Édition : Semiosis
www.semiosis.info

Imprimé par Books on Demand, Norderstedt

ISBN : 978-90-830-0644-4
Dépôt légal : avril 2019

# INTRODUCTION

À la recherche d'une méthode, dans *Sémantique structurale*, publié en 1966, Algirdas J. Greimas ouvre délicatement «une porte étroite», en s'appuyant sur les acquis de la théorie sémiotique, afin de pouvoir parler scientifiquement du sens en tant que sens articulé : l'articulation «est toute forme d'organisation sémiotique» (1970a:12,20).[1]

Depuis, Greimas a continué à explorer cette voie, conduisant à une terminologie si vaste, qu'elle a engendré les deux parutions du *Dictionnaire raisonné* (1979a, 1986c). Ces dictionnaires ont formé une tentative de transformer son projet en «une quête collective» (1979a:iii). Mais ce projet s'est retrouvé simultanément dans une position inconfortable. Face aux sciences humaines, avec leur métalangage implicite, ces dictionnaires n'ont fait que renforcer l'idée d'un «club jargonnant», dont on se sent exclu (1986a:50). Destinée à promouvoir une quête collective, la terminologie est devenue, par la suite, une entrave à la participation de cette quête.

Et puis, pour ceux qui veulent s'y engager, se pose la question de la bonne utilisation de la terminologie. Le *Dictionnaire raisonné* précise qu'il ne faut pas céder au «laxisme épistémologique» : il ne faut pas reprendre la terminologie n'importe comment (1979a:iii). Mais il ne faut pas non plus s'égarer dans une «technicité méthodologique», où l'emploi de la terminologie dissimule «des résultats bien décevants, souvent tautologiques» (Dosse, 1991:266).

Comment, dans une telle situation, trouver une voix qui exprime une «parole convaincante» (1979a:iii)? Cette question sert d'arrière-plan pour revisiter l'œuvre de Greimas. D'un côté, la cohérence d'un «Tout-se-tient» risque de faire perdre l'âme à la méthode. De l'autre, le laxisme d'un

---

1. Toutes les références sans auteur sont des publications de Greimas, dont la bibliographie est publiée par Thomas F. Broden en 2017 dans la revue *Texto!* (www.revue-texto.net/index.php?id=3892) et, pour ses publications lituaniennes, avec Jūratė Levina, par le centre A.J. Greimas de la sémiotique et de la théorie littéraire à l'Université de Vilnius (www.semiotika.lt/en/bibliography/).

«Tout est permis» risque d'aboutir à un bavardage (1989a:i). Comment louvoyer entre Scylla et Charybde, pour que la terminologie ne reste ni lettre morte, ni moulin à paroles ?

Pour répondre à cette question, il faut situer l'enjeu épistémologique : la conjonction que Greimas établit entre sens et science. Avec le *Dictionnaire raisonné*, Greimas choisit de sacrifier la cohérence du raisonnement syntagmatique : le raisonnement est limité au renvoi d'un terme à un autre (1979a:iii). Mais, de plus, par manque de formalisation, le raisonnement de Greimas ne s'approprie pas seulement par la terminologie. Avant tout, il faut rendre explicite ce que Greimas cherche à penser avec les termes de sa méthode. *Sémantique structurale* est donc le complément nécessaire au *Dictionnaire raisonné*, parce que, seul ce livre permet de ressaisir la rationalité particulière qui s'y forge : fondatrice pour tout concept de la méthode. Sans ce fondement, on utilise trop facilement les mêmes termes pour parler d'autre chose, ou on propose trop souvent de nouveaux termes qui n'ont pas leur place dans la logique du raisonnement de Greimas. Le livre présente donc la pensée de la méthode, dont témoigne *Sémantique structurale*, parce que seule cette rationalité greimassienne garantit la bonne utilisation de la terminologie.

Ensuite, il faut spécifier l'enjeu anthropologique : la conjonction entre sens et conscience est un thème central de l'œuvre de Greimas. Greimas veut éviter tout « idéalisme outrancier » d'une sémiotique du Sujet, mais cela ne l'empêche pas d'aspirer à parler, de plus en plus, de l'homme et de son autre (1985b:167). Tout d'abord, en 1965, il a envisagé d'organiser un séminaire avec Lucien Sebag sur la jonction entre anthropologie, sémantique et psychanalyse (Dosse, 1991:249). [2] Finalement, en 1991, il imagine l'émergence de la conjonction entre l'homme et le sens dans *Sémiotique des passions*, un livre qu'il a coécrit

---

2. Sebag, élève de Claude Lévi-Strauss, est en analyse avec Jacques Lacan, quand il se suicide en janvier 1965, à l'âge de 32 ans : Greimas ne le pardonne pas à Lacan (Dosse, 1991:249). Dans *Marxisme et structuralisme*, Sebag (1964:252-253) positionne la psychanalyse auprès de la démarche de Greimas : «la sémantique psychanalytique s'intègre au vaste champ des disciplines séméiologiques - linguistique, logique, mythologie, poétique, rhétorique, etc. - qui, à long terme, visent à la constitution d'une théorie générale de l'intellect qui soit véritablement universelle et n'apparaisse plus comme la simple projection des valorisations propres à telle culture ou à telle branche du savoir».

avec Jacques Fontanille. Entre-temps, Greimas spécifie sa position surtout
en se référant à la psychanalyse et c'est donc à partir de ces références
qu'il faut présenter l'enjeu anthropologique. Il s'agit de préciser en quoi
la sémiotique est différente de la psychanalyse et en quoi la sémiotique,
simultanément, s'en inspire.

Finalement, les enjeux épistémologique et anthropologique
font la paire. Pour conclure, il faut situer Greimas dans ce « rapport
privilégié qu'il entretient avec l'épistémé de son temps » pour saisir
la créativité de sa pensée (1991b:15). Paul-Laurent Assoun (1989)
fournit l'arrière-plan pour l'épistémé, quand il reprend les trois
maîtres du soupçon de Paul Ricœur (1965:41) comme emblème de
l'entrée dans la modernité philosophique : Karl Marx, Friedrich Nietzsche
et Sigmund Freud.

Assoun (1989:731,737) insiste sur le fait qu'il ne s'agit pas d'un simple
soupçon : leur doute implique « une thèse épistémologique, elle-même
articulée sur un enjeu anthropologique », transformant radicalement
la question de l'interprétation. Depuis Marx, Nietzsche et Freud, la
compréhension est devenue une herméneutique, parce que le sens et la
conscience ne s'unifient plus : la non-adhérence de la conscience au sens
est à l'ordre du jour. Assoun illustre la déstabilisation de cette adhérence
pour chacun de ces maîtres, pour conclure que, au-delà du soupçon, il
n'y a pas de théorie du sens rénové ou réparé. Ce qui reste, c'est un sujet
brisé, « que nulle herméneutique ne saurait transcender et nul métalangage niveler ».

Parler scientifiquement du sens en tant que sens articulé, c'est dire
quelque chose de sensé sur un monde qui se dit « humain » : une thèse
épistémologique, articulée sur un enjeu anthropologique. Pour retrouver
une parole convaincante, il faut retracer ce défi que Greimas se lance :
« le double enjeu de la sémiotique qui se veut un savoir sur ce savoir pour
l'homme qu'est la signification » (1979b:5). Ce qui conduit Greimas à
vouloir surmonter, par sa méthode, ce soupçon de la modernité : à travers
la fiducie, Greimas introduit finalement le « croire » comme une force
adhésive entre le sens et la conscience.

# 1. LE CONTEXTE DE LA MÉTHODE

Avant d'introduire à la pensée de la méthode de Greimas, il faut d'abord situer le contexte de la méthode. Quand il va entreprendre une recherche de méthode dans *Sémantique structurale*, Greimas veut se distancier des autres méthodes de son époque, auquel il a été formé. Et il réussit à créer cette distance, en introduisant d'autres exigences épistémologiques, qu'il trouve un peu partout : dans la philosophie, la sémiotique ou les sciences sociales. Sans être complet, le contexte reprend quelques aspects importants de cette démarche fondatrice de *Sémantique structurale*.

# La rigueur de la méthode

Greimas a reçu sa première formation en France dans la tradition de la philologie du XIXème siècle et en particulier dans la tradition allemande, connue pour ses riches discussions autour du *Methodenstreid*, concernant la légitimation d'un savoir de l'homme sur l'homme (2017a:21).[3] Cette querelle remonte à Johann Gustav Droysen (1868), qui se réfère au positiviste Auguste Comte, pour dire que le savoir sur l'histoire doit trouver sa scientificité ailleurs que dans cette vaine érudition qui accumule des faits (*Tatsachen*). Droysen introduit le concept de l'interprétation pour fonder la méthode de comprendre (*verstehen*), distincte de la méthode d'expliquer (*erklären*) qui est utilisée par les sciences naturelles, afin de pouvoir voir la liaison entre les faits (*Sachverhalt*). Cette distinction a résulté ensuite en un long débat, qui a laissé aussi des traces chez Greimas.

Cette tradition est à la base de sa rigueur méthodologique, «exigence que l'on me reconnaît ou qui me condamne», nécessaire pour que les sciences humaines se dotent d'une véritable scientificité, comparable à l'avènement des sciences exactes au XVIIème siècle (1983b:275 ; 1992a:13).[4] Greimas ne veut pas céder «à la crise des valeurs généralisée de notre société qui se manifeste par la démission du souci de scientificité et un éclectisme ambiant» (1987b:1). Son ambition à lui, dès le début, est la recherche d'une méthode pour toutes les sciences humaines, afin d'en finir avec «la crise épistémologique que nous vivons actuellement en sciences sociales» (1983c:5-6).[5]

---

3. Pour situer cette «querelle entre méthodes», voir p. ex. Catherine Colliot-Thélène (2004).

4. Dans l'entretien avec Peter Stockinger, Greimas positionne un premier pas de cette quête d'une scientificité dans le passage de Étienne de Condillac au Franz Bopp, dont Droysen a suivi des cours à l'Université de Berlin.

5. L'exemple à l'époque a été l'enquête de l'état français, de 1961 à 1967, d'un même village breton (Plozévet) par une centaine de chercheurs de différentes disciplines des sciences humaines. Par manque d'une méthode uniforme, leurs points de vue hétérogènes n'étaient pas unifiables : «la convergence maximale des disciplines concernées» consiste dans le qualificatif «important», «signe infaillible d'un haut degré de non-scientificité de ces discours» (1979a:301). Sur l'interdisciplinarité, voir : 1979f:243.

La sémiotique est pour Greimas la réponse à cette crise. C'est la promesse d'«une approche méthodologique offrant ses procédures et ses modèles aux autres sciences humaines» (1976c:10987). D'abord avec la philologie comme modèle, parce qu'elle est l'«une des sciences humaines qui fonctionne aussi bien que la logique» (1992a:13). Et ensuite avec Louis Hjelmslev comme modèle, parce qu'avec sa méthode immanente, «pour la première fois peut-être, le terme de scientifique, attribué à un domaine des sciences humaines, perd son emploi métaphorique» (1966c:12).

## La méthode déficiente

Déjà avant sa rencontre avec la sémiotique, Greimas affichait sa rigueur méthodologique avec deux articles consacrés à la méthode en lexicologie, publiés en 1948 et en 1950 avec Georges Matoré. Ces articles critiquent les méthodes utilisées à l'époque et ils expriment la nécessité d'en trouver d'autres, plus appropriées. Contrairement aux approches historisantes, la lexicologie est une science synthétique, qui devrait être capable de décrire un état statique de la civilisation. Matoré publie en 1953 son livre sous le même titre, cette fois-ci sans Greimas, qui abandonne les recherches lexicologiques.

Mécontent de la lexicologie, Greimas cherche ailleurs. En 1958, dans le périodique *Annales*, il confronte la linguistique avec les postulats d'une nouvelle école historique : «compréhension, totalité, synchronie» (1958:110-112). Les historiens d'Annales apportent une révolution méthodologique en introduisant le moment synthétisant de la compréhension dans la science de l'histoire.[6] Ainsi s'ouvre «la voie à une conception plus globale, plus totalitaire» de l'histoire, qui donne la priorité au point de vue synchronique plutôt que diachronique. Malheureusement cette révolution n'est pas suivie du côté de la linguistique, parce que son approche lexicologique continue d'être historisante, utilisant la même méthode que Greimas avait critiquée avec Matoré.

---

6. Greimas cite Henri Berr (1950:211), fondateur de la *Revue de Synthèse historique* (1900), et Marc Bloch (1958:110), un des fondateurs de l'École des Annales (1929).

Et c'est à cet endroit que Greimas introduit le concept de la langue de Ferdinand de Saussure pour compléter la révolution des historiens du côté de la linguistique. Parce que ce concept linguistique de Saussure répond exactement aux postulats de cette nouvelle école historique. Alors que la lexicologie s'appuie sur un répertoire de mots ou un vocabulaire, la langue est toute autre chose. La langue est un «système global», elle est «ce lieu où se passe l'histoire» et un «espace social autonome, qui dépasse les individus et leur impose des modèles de sensibilité et des schémas d'action» (1958:112). Dans *L'actualité du saussurisme* Greimas illustre en 1956 l'influence de ce concept dans la philosophie (Merleau-Ponty) et la sociologie (Lévi-Strauss). Le concept de la langue représente une véritable rupture avec les méthodes courantes en sciences humaines, qui s'appuient sur l'atomisme, le psychologisme et l'historicisme. Christian Metz (1977b:30-31) formule cette rupture par le moment où l'homme comprend que le symbole lui fait autant, sinon plus, qu'il ne pense le faire.

La philologie, remarque Greimas, le distingue des autres structuralistes (1992a:13). Il en a hérité l'exigence de la méthode. Celle-ci lui manque dans la lexicologie et elle lui fait parvenir au concept de la langue. La langue lui permet d'échapper à l'impasse d'une lexicologie historisante.

Mais quand le périodique *Les temps modernes* consacre en 1966 un numéro au concept de la structure, Greimas (1966b) choisit par sa contribution d'introduire la structure dans l'histoire. Il faut changer de la méthode, mais son objet d'étude ne change pas. À travers la langue, Greimas poursuit son ambition de refonder l'épistémé des sciences humaines : «Une linguistique enrichie, structurale et historique à la fois, en sortirait, justifiant ainsi sa place à l'avant-garde des sciences de l'homme» (1956:203).


## L'exigence de la totalité

Le concept de la langue de Saussure n'est pas très présent dans l'œuvre de Greimas. La dichotomie entre langue et parole est vite dépassée par des concepts de Hjelmslev : deux façons de saisir la réalité (procès et système) et deux modèles hiérarchiques (paradigmatique et syntagmatique)

(1966c:13). Mais la langue est importante dans son rôle heuristique, parce qu'elle a permis de comprendre la réalité sociale comme «condensé de la totalité», contenant tous les «messages humains échangés» (1956:203). Ce qui est visé par Greimas, au-delà de la langue, c'est l'exigence de concevoir la totalité d'un objet.

À la même époque, Greimas souligne sa «visée obsédante de la totalité» auprès de multiples auteurs (1987a:52). Il cite George Lukacs : «*Die Herrschaft der Kategorie der Totalitaet ist der Traeger des revolutionaeren Prinzips in der Wissenschaft*» (1956:195). Chez Victor Brøndal, Greimas rencontre la catégorie de la totalité autour de l'universel, le particulier et le singulier (1963b). Chez Hjelmslev, il retrouve le terme lexie comme l'idée d'un message : «une unité de signification saisie comme une totalité» (1960:50 ; 1966a:52). Hjelmslev lui offre aussi l'extension formelle du concept de la langue, quand il «intègre la relation du tout aux parties dans sa définition de la structure» (1966a:28). Et Lévi-Strauss (1950:xxviii), dans son introduction à l'œuvre de Marcel Mauss, insiste sur la totalité : «Pour comprendre convenablement un fait social, il faut l'appréhender totalement». Aussi les premiers concepts sémiotiques dans *Sémantique structurale* s'appuient sur le concept de la totalité, dont l'axe sémantique ou les relations hyperonymiques et hyponymiques (1966a:21,35).

La définition du concept de la totalité dans le *Dictionnaire raisonné* reprend en partie celui du *Vocabulaire* d'André Lalande (1962), en se référant aux douze concepts de l'entendement d'Emmanuel Kant : «La totalité est présentée comme synthèse de l'unité et de la pluralité». Pour comprendre, il faut rassembler les faits hétérogènes sous un point de vue qui les unifie sous l'égide d'une totalité. Ce qui, en principe, ne veut pas dire que la totalité est «la totalité du vécu ou du réel», ni que la totalité explique tout, ce qui serait un abus mythifiant (1966a:28 ; 1979a:310). Il s'agit plutôt du contraire : il faut réduire ce vécu à un seul point de vue totalisant, en éliminant tous les éléments non pertinents (1966a:146).

La totalité est donc bien un concept épistémologique de pertinence, qui garantit la possibilité d'une cohérence interne de la théorie : «le fondement conceptuel dont je me réclame est, essentiellement, la cohérence interne comme critère de vérité, et non pas l'adéquation aux objets» (1987c:309).

## L'objet de la méthode : la signification

Par le concept de la langue, l'objet de la méthode n'est plus qu'un simple constat : «La culture comme totalité devient donc objet de la sémiotique. Ce n'est pas une question d'ambition, comme vous dites, mais de fait» (1984a:121).

Au début, la culture est encore restreinte à la linguistique : «le signifiant linguistique recouvrant alors un vaste signifié dont l'extension correspondra, à peu de chose près, au concept de culture» (1956:196). Mais peu après d'autres ensembles signifiants suivent, comme l'odeur, les vêtements ou le cinéma. Comme ils n'ont pas la même organisation stricte de la langue saussurienne, il faut introduire d'autres concepts à leur place. Metz (1964:88 ; 90) introduit par exemple le discours ou la signification pour inaugurer la sémiotique du cinéma.[7]

Greimas choisit aussi la signification comme concept clé de sa théorie sémiotique dans son passage de la linguistique à une sémiotique du monde naturel (1968a:5). Décrire l'articulation de la matière amorphe (le sens) établit la forme sémiotique de la signification. C'est un choix épistémologique pour objectiver le sens comme signification par une méthode rigoureuse qui «cherche à éliminer la subjectivité» (1986d:43).

Mais Greimas introduit ensuite aussi le discours, parce que la signification ne se manifeste dans la communication qu'à travers le discours. Greimas ne veut pas restreindre la description de la signification à l'unité du mot, comme la lexicologie, mais à ce que leur combinaison produit : le discours. Il faut décrire comment la signification organise le plan du discours (1966a:39).

Choisir la signification comme objet, c'est en même temps choisir le monde dit «humain» comme objet, parce que la signification est pour Greimas la condition pour qu'un monde puisse être humain (1966a:5). *Significo, ergo sum* pourrait être l'axiome, comme si Greimas triomphait du doute sur l'existence de l'humain par la signification. Parce que pour Greimas, plus il y a de sens articulé, plus il y a de l'humain.

---

7. Metz (1977a:149-152) précise l'extension en soulignant la dominance de la langue linguistique face au code iconique de l'image.

Décrire l'articulation de matière amorphe est donc en même temps de nature anthropomorphe. Par la manifestation de la signification dans un discours, «l'homme conçoit le monde et l'organise en l'humanisant» (1970b:21) et décrire la forme sémiotique équivaut ainsi à décrire «les formes universelles de l'humanité» (1984c:3).

## Le minimum épistémologique de la méthode

Greimas part d'un simple constat : l'homme ne peut parler du sens qu'en produisant du sens. Mais ce constat ne doit ni amener à la conclusion de Leonard Bloomfield qu'on ne peut donc rien en savoir (1966a:7 ; 1970:8). Ni à en bavarder sans fin, en paraphrasant un sens supposé avec d'autres mots, comme dans un dictionnaire. Pour sortir de ce dilemme, Greimas propose de soumettre la production de sens sur le sens à des conditions spécifiques, en inventant «un métalangage (à vocation) scientifique» qui présuppose le moins possible de sens : « *The deontology of the semiotician should consist in being content with an epistemological minimum* » (1974a:75 ; 1979a:226).

Herman Parret (1989:1365) désigne la nécessité de produire du sens, afin d'en pouvoir parler, comme une transposition du sens. Ce concept permet de différencier entre plusieurs types (et techniques) de transposition. Par exemple la paraphrase, le métalangage et la description produisent du sens en transposant du sens, mais chaque type de transposition a ses propres codes qui déterminent comment il faut faire la transposition.

La transposition du métalangage est destinée à parler scientifiquement du sens et il fournit les concepts, de nature hypothétique et formelle, qui représentent l'articulation imposée par le métalangage à l'objet pour le rendre explicite comme forme sémiotique. Donc le métalangage, au niveau épistémologique, prescrit comment devrait être *la matière immatérielle* :[8] c'est le paraître minimal de l'être (1991a:22).

---

8. À la recherche de la spécificité du langage cinématographique, Metz (1971:160) utilise cette expression, après l'introduction d'une totalité singulière (p. 69), dans une relecture de la distinction de Hjelmslev entre matière (le sens amorphe) et forme pur (la signification), dont la combinaison produit la substance. Greimas «s'en est aperçu un peu tard» de cette synonymie entre sens et matière (1988a). Alessandro Zinna

Pour garantir la scientificité, il faut une cohérence entre tous les concepts du métalangage. Greimas l'assure avec un minimum de concepts non définissables : par exemple la relation ou le discontinu comme condition de pouvoir percevoir du sens. Et avec une interdéfinition entre les concepts : un concept n'a pas de sens en soi, mais il ne prend sens que par sa relation à un autre concept. Par exemple la durativité prend son sens en relation avec son terme contraire : la ponctualité, qui est sans durée. Le *Dictionnaire raisonné* contient les définitions des concepts sémiotiques.

La méthode de Greimas se veut scientifique par un minimum épistémologique d'un métalangage, pour que la transposition du sens se fasse selon des règles strictes. Et ce minimum est en même temps une sorte de limite au sens qu'on peut produire, parce qu'il contient toutes les conditions nécessaires à la production et/ou à la saisie de la signification.

## L'objet phénoménologique : l'effet de sens

Décrire l'articulation du sens présuppose que le sens s'est manifesté. Metz (1986:27) formule cette exigence par un présupposé nécessaire à éprouver avant toute analyse : « quelque chose comme une phénoménologie de son objet ». La signification, construite et discontinue, présuppose ainsi un vécu du sens et Greimas désigne ce vécu avec le terme l'effet de sens : « l'impression de "réalité" produite par nos sens au contact du sens » (1979a:116).

Le savoir sur le sens n'est possible que par une transposition du sens. Mais toute transposition présuppose un effet de sens. C'est la première appréhension de la chose, avant l'acte de transposition, que Greimas situe dans la perception, suivant le choix de la phénoménologie (1966a:8). C'est le passage d'un vécu immédiat (une impression de réalité) à sa description conceptuelle (l'articulation de la matière immatérielle).

Cette impression de réalité, nommée effet de sens, va de soi chez Greimas, alors que ce terme est loin d'être une simple évidence. Ni dans

positionne Greimas plus près de Roman Jakobson (forme matérielle positive) que d'Hjelmslev (forme pure négative)(1986e).

l'œuvre de Gustave Guillaume, à qui ce terme est emprunté, ni chez Greimas. L'effet de sens est la « seule réalité saisissable » du sens, mais il est en même temps aussi « cette évidence insaisissable », qui n'existe que dans l'acte de la transposition (1979a:116 ; 1983d:1). Donc il est important de se demander quelle « réalité » impressionne l'analyste avant d'entreprendre une description de la forme sémiotique.[9]

*Sémantique structurale* propose le passage d'un lexème à un sémème, afin de saisir la réalité d'un effet de sens. Il réduit les multiples effets de sens, au pluriel, à un effet de sens, pour créer de l'homogénéité dans l'hétérogénéité. Le concept d'isotopie vise la même chose. C'est chercher la pertinence épistémologique au niveau de l'objet phénoménologique, pour définir la totalité à décrire. Une activité qui fait partie du passage d'un vécu à la description conceptuelle afin d'obtenir la pertinence souhaitée.

Mais il y a d'autres exemples, plus complexes, moins pertinents. Quand un seul effet de sens, provoqué par un mot, évoque tout « l'univers incommensurable du sens » : comment décrire cet effet de sens d'un mot qui s'ouvre sur toutes les potentialités de l'univers de sens (1991c:100) ? Quand la vérité n'est qu'un effet de sens produit par un discours, que faire d'une impression de réalité qui se fait passer pour la réalité ? Et que penser d'un effet de sens d'un état passionnel, qui est provoqué par une « lecture interprétante » de l'« activité cognitive du manipulateur » (1978b:2) ? De plus, quand il est ensuite « capable d'agir » sur les choses en produisant « un nouvel effet de sens et un nouvel état passionnel » (1980e:33).

Au lieu d'en être le présupposé (le transposant), l'effet de sens risque ainsi de devenir le produit de la description (le transposé). Pour éviter que le discours énonce ensuite « de lui-même sa propre vérité », il vaut mieux rendre l'objet phénoménologique explicite avant de le décrire (1975b:27). La sémiotique s'attaque aux choses évidentes, nous dit Roger Odin (1991:59), pour s'en démarquer : « la sémiologie permet de se démarquer de l'évidence, en allant voir derrière elle les codes et les signes qui la fondent ». Donc il faut d'abord marquer l'évidence de l'objet phénoménologique.

---

9. L'itinéraire du sens proposé par Jacques R. de Renéville (1982:188,205) dessine un beau portrait de « cette évidence insaisissable » (1983d:1). « Rebelle à toute préhension », il va de l'appréhension, par l'impression, à la compréhension, pour terminer avec l'absurdité : « Rien ne peut apparaître que sur fond de quoi s'enlève ce qui apparaît ».

## La signification sans signifiant

François Rastier (2017a:194) remarque que Greimas élimine le signi-fiant du signe saussurien de la signification : « *Paradoxically, by focusing on sense and not on semiosis, Greimas, too, parts ways with Saussurianism, as is his right* ». La sémiosis, terme inconnu à Saussure, réfère à l'articulation du signe saussurien : la jonction entre le signifiant et le signifié. Pour Greimas la sémiosis correspond à l'effet de sens (1979a:116).

*Sémantique structurale* situe la sémiosis dans l'acte de la communi-cation. Pour Greimas tout se passe comme si le signifié y retrouve le signifiant, en faisant apparaître « les unités minimales du discours » (1966a:30). Mais ces unités ne sont pas pertinentes pour la description sémantique. Le sens négatif d'une opposition phonologique (*bas* versus *pas*) attribue peut-être un « semblant du sens » à ces unités minimales d'un discours, mais ce « semblant du sens » n'est pas déterminant pour le choix d'un signifiant (1966a:31). Lors du procès de la communication, le choix d'un signifiant se fait par rapport au sens d'une opposition sémantique (*bas* versus *haut*), qui lui est sous-entendue.

Greimas s'éloigne de la sémiosis : « La jonction du signifié et du signifiant, une fois réalisée dans la communication, est donc destinée à être dissoute dès l'instant où l'on veut faire progresser tant soit peu l'analyse de l'un ou de l'autre plan du langage » (1966a:31). Greimas abandonne le signe saussurien, qui est de l'ordre de la manifestation de la communication, pour se diriger vers l'ordre immanent de la signification.[10]

Mais il a fallu l'esprit géométrique de Hjelmslev pour que la signi-fication reçoive sa souveraineté. Hjelmslev ne met plus l'accent sur la relation entre le signifiant et le signifié, mais il les dote chacun d'une surface autonome : le plan de l'expression et le plan du contenu. Chaque plan contient ses propres entités pour représenter l'articulation du plan.

---

10. La différence entre une sémiotique de la signification et une sémiotique de la communication était à l'époque un sujet de discussion. Louis Prieto (1975) et Eric Buyssens (1967) s'occupaient du dernier et ils avaient un autre concept de sème, à double face, comme Saussure, que l'émetteur et récepteur devait partager pour se faire comprendre. Greimas cherche la pertinence scientifique ailleurs, avec un invariant sous-jacent, avant de reprendre la communication comme une problématique de la transmission.

Le plan de l'expression a son articulation : la forme sémiotique d'une matière sensorielle, comme le visuel, l'auditive ou le tactile. Le plan du contenu a son articulation : la forme sémiotique de cette matière immatérielle qui s'appelle le sens.

Contrairement à la relation saussurienne entre le signifiant et le signifié, Greimas souligne la non-conformité entre ces deux plans : «les deux plans sont autonomes et aucune correspondance terme à terme ne peut être affirmée entre les unités des deux plans : le parallélisme observé est d'ordre structural et typologique, et non atomiste et bi-univoque» (1966a:14).[11] Hjelmslev permet ainsi à Greimas d'ériger le sens articulé en un fait autonome et positif au plan du contenu.

La langue saussurienne est un système de signes et Hjelmslev lui invente un nouvel espace, qui se trouve «sous les signes» (1984c:6). Greimas suit Hjelmslev dans cette démarche et il définit ensuite la signification en se débarrassant de la surface d'un signifiant pour pouvoir étudier le parent pauvre, la sémantique, d'une manière autonome en attribuant des niveaux de profondeur au plan du contenu.

Sans signifiant, peu importe la matière sensorielle : toute forme d'expression peut «être saisie comme signifiée et instituer le monde sensible en tant que signification» (1966a:11). Est sensible tout ce qu'on saisit avec nos sens, donc l'univers sémantique dans sa totalité. Son premier choix épistémologique est de choisir la perception comme le lieu où se positionne cette «aperception totalisante» du sens, indifférente de la matière sensorielle (1966a:8; 1966b:817).

## Le paraître de la surface

Il faut bien entendre ce devoir de regarder «sous les signes» dans ce contexte. Creuser sous la surface, Greimas le faisait déjà dans ses recherches lexicologiques. Pour lui les mots ne sont que «des épiphénomènes

---

11. Le concept de conformité est plus précis que l'absence d'isomorphie (1966a:29). La conformité entre les deux plans est définie par Hjelmslev comme un système de symboles (entre éléments) et par Greimas comme un système semi-symbolique (entre catégories).

recouvrant [...] la perpétuelle mobilité des choses qui, seules, sont vivantes » (2000:260). Donc c'est sous la surface des mots que les choses se passent et les lexicologues tiennent trop à cette apparence : ils sont dupes de l'aspect extérieur du mot (1948:417).

Quand Greimas dit avoir tiré une leçon de son échec lexicologique par « la non-pertinence du niveau des signes », il se range dans l'épistémé de son siècle : Edmund Husserl, Freud, Hjelmslev et Noam Chomsky, ils ont tous choisi de descendre dans une profondeur (1987c:302-303 ; 1987d:176). Face à la manifestation de la sémiosis, Greimas prend sa distance en descendant dans la profondeur du plan de contenu. Le signe est nécessaire comme présupposé pour fonder l'objet phénoménologique à étudier, mais il est non pertinent pour la description de l'effet de sens (1976a:16,40). Il faut décrire la signification à un niveau immanent, sous-jacent à la manifestation.

Mais ce choix pour la profondeur affiche aussi sa méfiance pour le paraître de la surface de la manifestation linguistique et d'autres phénomènes sociaux : le « paraître historique » ou le « paraître mensonger » d'un discours (1976a:163 ; 1976d:19 ; 1980a:7). *Sémantique structurale* cherche sa méthode, « malgré les apparences souvent trompeuses », parce que ces apparences sensibles des sons, d'images, d'odeurs et de mots ne jettent que de la poudre aux yeux (1966a:9). En visant l'être en profondeur, Greimas cherche à ne pas être dupe du paraître de la surface.

Dès le début, Greimas différencie entre deux formes d'existence de la signification : l'être d'un côté et de l'autre, ce « voile du paraître » qui nous aide à vivre, mais qui nous aliène aussi (1969a:135). Greimas utilise cette différence ensuite pour introduire le mode déceptif, parce que l'être (en profondeur) et le paraître (en surface) ne sont pas toujours similaires (1965:160 ; 1966d:33).[12] Le « paraître mensonger » insinue un être qui n'y est pas. Le « paraître dissimulé » nous cache un être, resté secret.

Son livre *De l'imperfection* est presque un éloge au secret : « Tout paraître est imparfait : il cache l'être » et il dévie le sens (1987a:9). Greimas décrit dans ce livre la scène du (dès)habillement d'une femme, dont les vêtements insinuent « l'être de son corps comme un *secret* précieux » (1987a:91).

---

12. Voir aussi ci-dessous : *La déception véridique*, p. 46.

Le vêtement représente «cet écran du paraître», à la fois obstacle et accès à l'être du sens, en profondeur (1987a:78,91).

Mais le «paraître mensonger» de la surface est le plus dominant dans son œuvre. Ne pas vouloir être dupe du paraître est une attitude de nature fiduciaire qui se propage un peu partout dans son œuvre et elle est un élément important de sa vision de monde. [13]

## Le dédoublement de la surface

En parlant du paraître de la surface, la surface du vêtement féminin est comparable à la surface du signifiant. Le paraître du signifiant se constitue par un «semblant du sens» (1966a:31). Le paraître du vêtement se constitue par une projection de «la figure de la femme» (1987a:91). Mais dans les deux cas, il s'agit de faire un saut dans la profondeur de l'être. Chaque fois que Greimas fait un tel saut, tout se passe comme s'il inventait une nouvelle «surface» dans la profondeur du plan du contenu : *une surface «profonde»* au niveau de l'être, qui dédouble *la surface «superficielle»* du paraître, et qui a, comme toute surface, un côté extérieur et un côté intérieur.

En se débarrassant du signifiant, il introduit par exemple la figurativité à l'intérieur du plan du contenu, qui remplace le paraître du signifiant par un nouvel «écran du paraître» (1978a:78). Mais cette fois-ci, il s'agit d'un paraître d'une surface «profonde». Par exemple en s'interrogeant sur le gestuel, la sémiosis se définit comme la relation entre une séquence de figures, «prise comme signifiant», et un projet gestuel (1968a:29-32). Dans *Sémantique structurale*, Greimas fait la différence entre deux niveaux :

---

13. Greimas indique que «le jeu de la déception et de la vérité provoque l'enchevêtrement narratif, bien connu en psychanalyse» (1966d:33). En psychanalyse, le mode déceptif s'ouvre aussi vers le mode de la jouissance : p. ex. l'obstacle incite à idéaliser et le secret incite à fantasmer. Pour s'imaginer une esthétique dans *Le plaisir du texte*, Roland Barthes (1973:64) oppose la déception à la jouissance : «comme le formidable envers de l'écriture». Chez Greimas la duperie est moins associée à une jouissance. Partant du secret, il cherche surtout à nourrir l'imaginaire avec du sens : par l'imperfection, l'attente, «la possibilité de resémantisation», les vêtements ou l'idéal esthétique (1987:87,90-92,99). Ce qui s'y rapproche le plus, c'est peut-être de toucher cette surface qui s'appelle le corps : «la plus profonde des sensations» (1987:92).

le niveau sémiologique avec ces figures nucléaires, qui sont comme «une sorte de signifiant», et le niveau sémantique (1966a:60,105). La problématique du niveau sémiologique est ensuite déplacée vers la figurativité, parce que ces figures fonctionnent comme une «surface profonde» qui dédouble la «surface superficielle» du signifiant (1979a:339). Les figures représentent le côté *extérieur* de la surface, qui se trouve à l'intérieur du plan de contenu, «la contribution du monde extérieur à la naissance du sens». Mais en même temps il y a aussi le côté *intérieur* de la surface : le niveau sémantique du sens (1966a:65).[14]

Dans la grammaire narrative également, Greimas invente une nouvelle surface dans la profondeur : la grammaire narrative de surface qui représente l'articulation du sens d'une manière anthropomorphe (1969b:78). Greimas est sceptique face à un «lexématisme anthropocentrique», qui réduit la signification à une échelle humaine, mais l'univers de valeurs rend la mise en place d'actants anthropomorphes inévitable (1966a:56; 1980d:22). C'est donc à nouveau une surface «profonde», qui dédouble la surface «superficielle» de la manifestation du discours. La textualisation est ce qui est le plus proche de cette manifestation dans la théorie de Greimas, mais une fois que la notion de la surface ne coïncide plus avec la «surface superficielle» de la manifestation, cela provoque de la confusion. Donc Greimas est obligé de parler de «la surface des surfaces» pour désigner la surface «superficielle» de la textualisation où la sémiosis se manifeste sans signifiant (1974a:66; 1979a:371-372; 1987c:329).

La grammaire dite de surface est positionnée comme intermédiaire entre les deux bouts du parcours génératif de la théorie de Greimas. Il y a le côté extérieur de la surface (*ab quem*) : l'habillement figuratif de la syntaxe anthropomorphe, qui nous mène vers le paraître de la surface superficielle de la manifestation (1991a:27). Et puis, il y a le côté intérieur de la surface (*ab quo*) : l'articulation élémentaire de la signification, qui émerge de l'instabilité de l'être d'une masse phorique de l'horizon ontique (1991a:32).

Le concept de la surface n'a rien de péjoratif pour Greimas, parce qu'il est «le lieu de toutes les richesses», avec «le plus d'articulations complexes»

---

14. Greimas introduit à ce point la distinction *extéroceptivité* versus *intéroceptivité* (1966a:106).

18

(1985d:7). Mais pour ne pas être dupe de la surface superficielle, Greimas préfère inventer une surface profonde, une sorte de «percept pur», qui reprend la fonction de la surface «superficielle» et à laquelle il fait plus de confiance.

## La permanence d'un invariant sous-jacent

Greimas, «piètre philosophe», se servait de la philosophie, mais il a toujours hésité à en parler (1984c:5). Surtout les discussions ontologiques sont pour lui un piège pour substituer la philosophie à la praxis inventive de l'analyse, alors que seul ce dernier permet de faire avancer la science. *« Whatever ontological status may be given to reality, we are only concerned with it to the degree that it is observable and describable»* (1974a:75). Mais face au saut dans la profondeur du plan du contenu, il s'inspire quand même des philosophes.

Il y a la cire de René Descartes[15]. Au-delà de l'apparence changeante de la cire, dont la réalité est non pertinente pour la description scientifique, il faut faire comme la chimie et saisir l'essence de la cire à un niveau qui pointe vers un invariant : *« Wax is what is invariant in wax»* (1974a:78). Et cet invariant n'est pas une chose, comme le voudrait l'atomisme, qui contient son mystère, mais une totalité relationnelle qui est sous-jacente à l'apparence.

Il y a la dette à la phénoménologie.[16] Claude Merleau-Ponty reprend par exemple le cube du Gestalt-psychologie. Le cube ne nous montre toujours que quelques-unes de ses faces : les autres, il les cache. Nous ne percevons jamais le cube dans sa totalité, comme une identité géométrique sous-jacente à toutes les différentes apparences possibles. Seulement l'idéalité de l'objet mathématique nous permet d'appréhender

---

15. Voir : 1956:195, 1966a:58, 1966b:823, 1985a:60 et 1987c:311.

16. Voir : 1956:192-193, 1966a:8-9, 1974a:68-69 et 1987c:311. Il s'agit p. ex. de Husserl : Jakobson (1973:13-17) remarque qu'il a eu une grande influence sur l'ensemble de la linguistique. Greimas souligne *Phénoménologie de la perception* de Merleau-Ponty et en particulier les pages 203 à 232 (1956:193). Il s'y est bien inspiré pour saisir le sens du mot et du geste hors du mot et du geste : un niveau immanent sous l'apparence de la manifestation. P. ex. la spatialité dans *Sémantique structurale* et la transposition du

le cube comme une permanence, qui reste identique, malgré l'hétérogé-néité de ses apparences. L'appréhension d'une idéalité que Greimas situe dans la perception (1966a:8).

La philosophie fournit Greimas l'image de transposer l'effet de sens dans un invariant permanent, qu'il situe, sous le paraître, dans la profondeur. *Sémantique structurale* poursuit cette démarche. L'isotopie est une permanence syntagmatique pour la signification élémentaire (1966a:44 ; 96). Le spectacle des actants est une permanence pour la signification anthropomorphe (1966a:173). Et à la fin de *Sémantique structurale*, il ne lui reste qu'un seul résidu diachronique : la lutte idéo-logique autour de la véritable transformation dialectique, qui «constitue l'intrusion de l'histoire dans la permanence» (1966a:204,253 ; 1966d:32).

Et ces permanences sont de nature idéale. Pour y arriver, Greimas a dû exclure les distorsions de l'invariant au niveau de la communication. D'abord, les variations du signifiant, qui sont visibles dans la sémiosis. Ensuite, l'émetteur et le récepteur de la communication pour que le discours comme texte puisse être adressé comme un invariant (1966a:117 ; 1987c:311). Et au niveau de la pertinence, il a fallu choisir les éléments qui représentent ensemble une totalité idéale.

La méthode de Greimas se bâtit ainsi dans la profondeur, sous les apparences, avec des permanences, de nature idéale, invariante et sous-jacente, pour décrire l'articulation du sens avec un minimum épistémologique.

---

signifiant dans *Conditions d'une sémiotique du monde naturel*. Quand Merleau-Ponty (1945:65) propose de «saisir un sens immanent au sensible avant tout jugement», on y retrouve déjà, au-delà du jugement sémiotique (1987c:312), la problématique du sentir des passions, où la chose et l'âme émergent de cette existence ambiguë d'une surface, qui est le corps. Jean-François Lyotard (1954:65) cite Merleau-Ponty (1945:491) : «ce qui fait la différence entre le Gestalt du cercle et la signification cercle, c'est que la seconde est reconnue par un entendement qui l'engendre comme lieu des points équidistants d'un centre, la première par un sujet familier avec son monde, et capable de saisir comme une modulation de ce monde, comme physionomie circulaire». À propos du dédain pour le côté social au profit de l'individuel, Greimas (1956:200) disait de Merleau-Ponty de ne s'occuper que de la parole parlante et d'utiliser des péjoratifs bergsoniens, alors que *Sémiotique des passions* introduit le devenir et l'émergence de la signification avec la phorie tensive. Le trajet de Greimas n'y retrouve-t-il pas quelque part sa cohérence au niveau philosophique ?

# 2. LA PENSÉE DE LA MÉTHODE

Le contexte a clarifié la direction, dans laquelle Greimas recherche sa méthode. Maintenant il s'agit de suivre cette recherche. Le but n'est pas de la reprendre en détail, comme dans une sorte de lecture commentée. Le but n'est non plus de présenter une introduction à la méthode de Greimas, comme le fait l'excellente introduction du Groupe d'Entrevernes (1979). L'approche est plutôt de reprendre certains moments de cette recherche, qui ont été déterminants pour la façon avec laquelle la pensée de Greimas essaie de discerner son objet : l'organisation d'un discours par la signification. Sans être complet, il s'agit de souligner des aspects importants du raisonnement de Greimas dans *Sémantique structurale*. Et de les complémenter avec quelques élaborations qui ont suivi après.

# L'antonymie : l'axe sémantique

Tout commence dans *Sémantique structurale* avec l'introduction du discontinu dans la perception, ce qui est interprété comme une différence sémantique entre deux extrémités, qui sont liées sur un fond de ressemblance. Greimas propose de l'appeler l'axe sémantique (1966a:21). Par exemple pour la température, ces deux extrémités sont froides et chaudes.

L'axe sémantique rejoint un concept lexicologique : l'antonymie, qui cherche l'opposé d'un mot et il rejoint ainsi le concept de la différence. Le *Vocabulaire* de Lalande (1962) définit la différence comme « une relation d'altérité entre des choses qui sont identiques à un autre regard ». L'axe sémantique reprend cette définition.

Greimas formalise ensuite cette relation entre altérité et identité dans une structure de la signification dite élémentaire. La structure élémentaire différencie différentes différences, qui lui ont été proposées par Jakobson (1963a:62) :

- Il y a la relation de contrariété entre deux traits distinctifs d'un axe sémantique qui se présupposent réciproquement : par exemple *masculinité* versus *féminité*.

- Il y a la relation de contradiction où la présence d'un trait est niée, pour devenir absent : par exemple *masculinité* versus *non-masculinité*.

- Finalement, ces deux relations se complètent avec une troisième relation d'implication (ou de complémentarité), qui lie l'absence d'un trait avec le trait contraire de l'axe sémantique : par exemple *non-masculinité* versus *féminité*.

L'ensemble de ces relations a acquis sa notoriété sous le nom de carré sémiotique qui, selon Rastier (2017b:2), est devenu « un pont-aux-ânes de la sémiotique greimassienne ». Le carré se représente dans la figure suivante :[17]

---

17. Cette figure a été proposée la première fois dans un article en anglais de Greimas et Rastier : *The Interaction of Semiotic Constraints*, mais sans la relation d'implication (1968a:88). Quand elle a été reprise dans *Du Sens*, la relation d'implication a été ajoutée, mais, à cause de la discussion à l'époque, sans orientation (1970a:137).

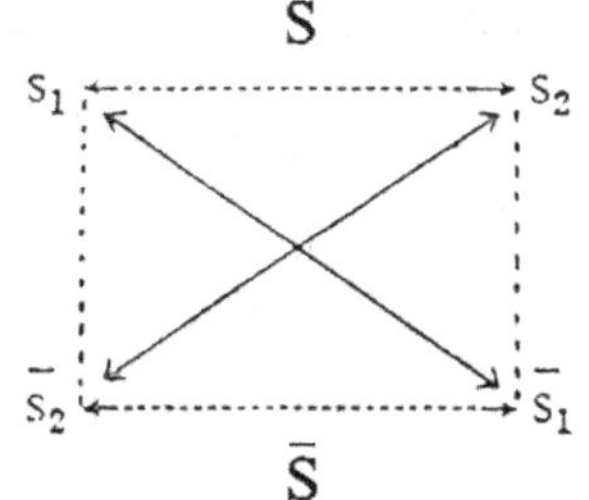


S : l'axe sémantique
$s_1\, s_2$ : les sèmes
←------→ : relation entre contraires
←——→ : relation entre contradictoires
·----· : relation d'implication

Le carré sémiotique est l'articulation élémentaire de la signification : c'est la syntaxe de la forme sémiotique, constituée par des relations logiques. Sur les points où ces relations se croisent, Greimas positionne les plus petites entités au plan du contenu : des sèmes ($s_1$ et $s_2$) représentant l'investissement sémantique de la forme syntaxique du carré sémiotique.

Le carré est important, parce qu'il s'agit de la première saisie scientifique de la signification, en tant que totalité et en termes de relation. Mais en même temps, il ne s'agit que du premier pas d'une recherche beaucoup plus longue. Greimas la poursuit avec ce qui est inhérent à toute description sémantique : l'activité métalinguistique (1966a:31).

## La fonction métalinguistique

Dans la communication, la fonction métalinguistique de Jakobson (1963:217-218) indique que, pour faire passer un message, il faut la compréhension commune d'un code linguistique qui se situe à un autre niveau que ce message.[18] Il y a donc une différence entre niveaux. Pouvoir faire une différence entre des niveaux par la fonction métalinguistique, c'est pour Émile Benveniste (1974:228-229) «la preuve de la situation transcendante de l'esprit vis-à-vis de la langue» : elle illustre la possibilité de nous «élever au-dessus de la langue, de nous en abstraire, de la contempler». La fonction métalinguistique ouvre ainsi la problématique du métalangage : toutes les structures destinées à représenter le langage.

---

18. Toutes les fonctions de langage de Jakobson ont leur propre entrée dans le *Dictionnaire raisonné*, sauf la fonction métalinguistique, alors qu'il est marqué avec un astérisque (1979a:151). Même si Greimas dit préférer le concept de hiérarchie, ce terme «un peu passe-partout» n'aurait pas dû manquer, à côté de l'entrée sur l'élasticité du discours et sur le métalangage (1982a:11).

Mais cette différence entre niveaux est aussi inhérente au langage lui-même, sans être au-dessus de la langue. Dans son interrogation sur l'énonciation, « deixis ou métadiscours ? », Metz (1991:210) remarque que Greimas a vu très tôt que le statut même de la métalinguistique se trouve ainsi fortement déplacé, parce que le langage « ne peut fonctionner qu'en se retournant constamment sur lui-même ».

Le langage n'est pas seulement un instrument pour désigner les « choses » du monde, dit « réel », mais le langage parle en même temps aussi de lui-même. Il y a la référence extralinguistique de deixis, mais il y a aussi la référence intralinguistique de l'anaphore : un référent interne au discours, qui est produit par ce discours (1976a:26 ; 1979a:224,311). Son analyse de *Deux amis* le montre clairement : la permanence discursive semble reposer sur des procédures d'anaphorisation, qui, par « l'expansion de l'anaphorique » et la condensation, fonctionnent comme des relais de la « mémoire textuelle ». Et par ces principes, le paraître du discours renvoie un être du texte qui s'insinue par son référent interne (1976b:148, 266-267). Donc, le discours se réfère à lui-même, comme dans un repli réflexif de nature métadiscursive, pour justifier la « réalité » sous-jacente d'un référent interne. [19]

Rien de surprenant alors, quand Greimas, face à l'énonciation, répète fermement l'adagio « Hors du texte, point de salut » (1975a:22). La fonction métalinguistique permet d'analyser l'intérieur d'un discours qui « tourne perpétuellement sur lui-même, en passant successivement d'un niveau à une autre » (1966a:75). En s'interrogeant sur le sens d'un texte, en paraphrasant le sens d'un texte : la transposition du sens ne peut se faire que par se référer aux propres codes sémantiques. Ce qui est une autre façon de dire que l'homme est enfermé dans un univers sémantique clos, parce que la fonction métalinguistique est aussi responsable pour « la clôture de tout texte », ce qui rend utile de lire un texte de la fin (1966a:91 ; 1983d:6).

Greimas décide de ne pas suivre le « logicien néo-positiviste », qui, « se sentant mal à l'aise dans l'univers clos », introduit le référent extra-

---

19. Greimas réfère à l'étude de Denis Bertrand (1985) sur *Germinal* d'Émile Zola pour illustrer les procédures autour de ce référent interne (1984c:18 ;1987e:210). Il introduit ici aussi un référent interne du niveau figuratif : le niveau thématique (1983e:144).

linguistique avec les noms propres (1968:5). Il préfère ouvrir cette porte étroite vers un référent intralinguistique, dans cet univers clos, pour élaborer les codes sémantiques de la fonction métalinguistique. Pour les logiciens, les noms propres sont « déjà des concepts » (1980c:52). Pour Greimas, le nom propre est « vide de toute signification » et il faut définir d'abord des concepts afin de pouvoir le remplir avec du sens (1975a:11 ; 1976b:21) :

> « si on postule l'existence du référent extérieur, on arrive à ces discussions interminables, auxquelles j'ai assisté souvent qui se terminent par des disputes à savoir si les chimères existent ou non. Parce que si le mot chimère existe en tant que nom propre, il faut dénommer les chimères et si les chimères n'existent pas, qu'est-ce que c'est que, ce nom ? Des mots qui ne désignent rien du tout ».

Pour décrire la signification, il faut la constituer par des concepts prédéfinis, qui présupposent le moins possible de sens.

Faire la différence entre le scientifique et le non-scientifique reste cependant compliqué. Dans cette hiérarchie des niveaux, « la frontière entre ce qui est linguistique et métalinguistique » n'est pas très visible (1979a:205). S'il s'agit d'une écriture cruciverbiste ou d'un parcours génératif, parler du sens en transposant du sens, c'est créer un discours, plus ou moins scientifique, qui est constitué par des niveaux, mélangé sans frontières nettes, qui se réfèrent entre eux. Par sa méthode, Greimas veut différencier d'une manière scientifique entre les niveaux. Parce que c'est la seule façon de s'élever au-dessus de l'univers sémantique qui l'enferme.

Dans son univers sémantique clos, l'homme vit toujours sous la menace constante de la métaphore : quand « tout est paraphrase dans la vie », « on risque de faire un travail métaphorique » (1986d:43 ; 1983a:14). Ce qui a du bien : c'est une sortie quand on ne sait plus dire une chose comme on le voudrait (1991b:5). Et du mal : c'est un danger, qui dans son abus, introduit « au niveau du méta-langage scientifique, caractérise certaines tentatives post-modernes de la mystification de la science » (1971a:31 ; 1982a:5). Il faut soumettre la paraphrase à des exigences scientifiques, pour que les concepts d'un métalangage rendent la fonction métalinguistique explicite (1980c).

Quand Jakobson écrit que «tout métalangage est d'ordre métaphorique», Greimas n'est pas prêt à le suivre, sauf quand il s'agit d'une métaphore et pas d'une définition (1982a:1). Parce qu'en tant que métaphore, le métalangage «nécessite l'intervention d'un sujet déterminé» (1982a:1). Et par les exigences scientifiques de sa méthode, Greimas aspire à exclure le métalangage de telles interventions subjectives pour qu'il soit objectif.

Par la fonction métalinguistique, Greimas obtient un espace objectif à l'intérieur du discours : «une sorte de logique linguistique immanente» (1966a:32). Et cet espace est constitué d'une «hiérarchie des niveaux métalinguistiques», ce qui lui permet ensuite de préciser l'organisation de chaque niveau et entre les différents niveaux d'un discours. Cette organisation trouve son origine dans le concept de la génération (1966a:95,137).

## La génération d'un sémème

La sémiotique ne sait pas définir le mot «mot» : «tout comme la fée électricité, le mot reste le noyau mythique de la linguistique» (1989b:58). Dans *Sémantique structurale*, Greimas préfère partir du concept d'un lexème comme unité de manifestation au plan du contenu. Le lexème est comparable à ce qui est la textualisation au plan du contenu pour le discours. Et comparable au phonème : l'unité de la manifestation sur le plan de l'expression.

Entre la surface du lexème et la profondeur du sème du carré sémiotique, Greimas introduit un niveau intermédiaire, où il situe le sémème, afin de libérer «la description du contenu des dernières attaches que ce dernier pouvait avoir avec la manifestation discursive» (1966a:85). Un lexème peut recouvrir plusieurs effets de sens différents, comme il y a plusieurs significations dans un dictionnaire. Ce qui fait qu'un chat ne s'appelle pas toujours un chat. Le sémème décrit un seul effet de sens dans sa totalité en choisissant le point de vue pertinent qui lui correspond.

La description du sémème utilise les sèmes, mis à la disposition par le carré sémiotique, et le sémème se construit par la combinaison de ces sèmes, provenant de plusieurs carrés sémiotiques. Le choix de la pertinence détermine quels sèmes il faut inclure dans la description, pour que leur combinaison résulte dans l'effet de sens qu'on souhaite décrire.

La distinction de Hjelmslev entre deux façons de saisir la réalité, comme procès ou comme système, permet de situer le carré sémiotique au niveau du système et de situer le sémème au niveau du procès. Le niveau du système représente toutes les possibilités virtuelles, disponibles pour le procès. Le niveau du procès représente seulement les possibilités, qui se sont réalisées. L'articulation entre les deux devient ainsi une activité générative : la génération de la signification, en combinant des unités plus simples, situées au niveau du système, dans des unités plus complexes, situées au niveau du procès.

La génération est la combinaison des unités pertinentes dans un procès : un sémème combine des sèmes ou un discours combine des sémèmes. Il n'est pas possible de combiner des unités non pertinentes, par exemple un lexème, qui se définit comme une collection de sémèmes. La théorie de Greimas développe ensuite tout un parcours, par lequel un discours génère de la signification : le parcours génératif (1979a:269).

Le parcours génératif introduit différents niveaux de combinaisons et chaque niveau a ses propres entités pertinentes pour générer des entités plus complexes. Par une conversion, il devient possible de passer d'un niveau à un autre (1966a:246 ; 1966c:17 ; 1979a:72). En allant de « *ab quo* » à « *ad quem* » dans le parcours génératif, la signification augmente : l'enrichissement du sens (1985d:6). Dans le sens inverse, la signification diminue : l'appauvrissement du sens (1966a:111). Le parcours génère donc, plus ou moins, de la signification. Par le concept de la conversion, il devient possible de passer d'un niveau à un autre, en postulant une équivalence sémantique entre les niveaux.

# La synonymie : l'équivalence métalinguistique

En lexicologie, la synonymie rejoint le concept de l'identité sémantique, opposé à la différence de l'antonymie. Quand les différences du signifiant sont déterminantes pour la description de la signification, toute synonymie sera impossible, parce que n'importe quelle différence du signifiant provoquera un écart de signification (1966a:112-113). Mais par la non-conformité entre les deux plans, introduit par Hjelmslev, le plan du contenu obtient son autonomie face au signifiant. Et cela permet de postuler une identité sémantique, malgré d'éventuelles différences du signifiant. Greimas le définit comme une identité sémique ou une identité sémémique (1966a:114).

Au niveau de lexèmes, il ne peut y avoir d'identité sémantique totale, parce que toute «identité» sémantique entre lexèmes est toujours accompagnée par des différences. Donc il faut partir d'une identité sémantique partielle : la parasynonymie, qui se définit au niveau intermédiaire du sémème. Le sémème permet de choisir le point de vue pertinent dans la description, afin de construire cette identité sémantique partielle en combinant les sèmes qui y correspondent. Une identité sémique partielle, qui se présente comme invariant sous-jacent, malgré les différences au niveau de lexème.

Greimas sauve l'identité sémantique (et donc *salva veritate*) par le concept d'équivalence :

> «Ainsi se trouve consolidé le concept d'équivalence, qui, définie comme identité sémique partielle, rend compte du fonctionnement métalinguistique du discours et autorise l'analyse sémantique elle-même» (1966a:115).

L'introduction de l'équivalence est un moment clé pour la rationalité greimassienne. Attirée par les langages formels, la sémiotique prend cette porte étroite entre la compétence philosophique et logico-mathématique, parce qu' «il lui faudrait une logique d'équivalences plutôt que d'identités» (1970a:11-12).

En 1963, dans un article «en hommage déférent» à Georges Dumézil, Greimas explore la mythologie comparée et il utilise encore le mot identité : «loin d'être seulement, comme on nous l'a longtemps enseigné, un recensement de ressemblances et de différences, la comparaison est avant tout une juxtaposition d'identités, une base commune qui seule peut rendre les différences mesurables et comparables» (1963a:55). Mais une fois remplacé par le concept d'équivalence, Greimas trouve dans *Sémantique structurale* la permanence qu'il cherche : la base commune d'une identité sémique partielle, en se distanciant des différences. Alors que l'axe sémantique pose la différence, en se distanciant d'une identité.

C'est seulement par le concept de l'équivalence que Greimas peut passer du mot au discours, afin de rendre compte de son fonctionnement métalinguistique : l'analyse sémantique ne s'autorise que dans le passage d'une identité totale à une identité partielle.

## Le fonctionnement métalinguistique du discours

Une fois la paradigmatique en place avec les systèmes sémiques et la syntagmatique avec les sémèmes, Greimas cherche à établir la cohérence syntagmatique d'un discours, au niveau des sémèmes, avec le concept de l'isotopie. Malgré son caractère linéaire, un discours apparaît comme «un échafaudage hétéroclite» avec une «hétérogénéité foncière» des significations (1966:41,42). Comment expliquer alors qu'un discours, cet «ensemble hiérarchique de significations produise un message isotope» (1966a:69)?

Greimas choisit deux exemples ludiques pour trouver une réponse : le «bon mot» des mots d'esprit (1966a:71) et le «mot juste» des mots croisés (1966a:75; 1967a), parce que ces deux affichent les fonctions (méta-)linguistiques qu'ils utilisent.

Le bon mot introduit le choc spirituel d'une deuxième isotopie, une fois que le discours a établi la continuité sémantique solide d'une première isotopie. Le passage entre les deux se fait par un connecteur d'isotopie commun et c'est le contexte isotope choisi qui détermine ensuite le parcours sémèmique (1979a:335). Mais si le contexte isotope est ainsi déterminant pour la reconnaissance des continuités isotopes, comment rendre compte de l'organisation pluri-isotope d'un discours, dans des situations plus complexes, quand il y a une « hiérarchie des contextes s'imbriquant les uns dans les autres » (1966a:72). Par exemple quand le connecteur manque (1986:52), « le chien du commissaire aboie » (1966a:72) ou quand un rôle thématique montre des variations (1973a:63). L'emboîtement des contextes montre que l'analyse sémantique n'a pas d'unités syntaxiques pertinentes pour décrire la hiérarchie syntaxique d'un discours, alors que les unités non syntaxiques ne sont pas assez rigoureuses. Le bon mot illustre la nécessité de développer un nouvel édifice syntaxique, pour qu'une maîtrise des différents contextes isotopes soit possible. Il permet d'homogénéiser l'hétérogénéité du discours. [20]

Le mot juste supprime la distance créée entre l'expansion d'une définition et la condensation d'une dénomination, une fois que l'équivalence sémantique traverse l'esprit. Après la linéarité sémantique du discours, Greimas introduit ici l'élasticité syntagmatique du discours (1966a:78-79) : une petite unité s'élargit par une définition et une large unité se rétrécit par une dénomination. Mais la dynamique de cette élasticité ne change pas le contenu sémantique : comme dans une anaphore sémantique, l'homogénéité est garantie par le concept de l'équivalence. Cette possibilité d'une équivalence entre des unités syntagmatiques inégales nous montre le fonctionnement métalinguistique d'un discours et elle sert de base pour un nouvel édifice syntaxique.

La syntaxe de ce fonctionnement métalinguistique du discours s'applique aussi pour la description des lexèmes. Définir un lexème comme *pêcheur* ou *cendrillon* est comme l'expansion d'un rôle thématique (1973a:64 ; 1978a:251). Et à partir des synonymes et des antonymes du lexème *avarice*, il est possible de déployer « l'ensemble d'une organisation syntaxique » autour d'un rôle pathémique (1991a:111,190). L'usage d'un lexème dans la praxis énonciative témoigne ainsi d'un même fonctionnement métalinguistique que le discours (1991a:88).

---

20. Au plan de l'expression, concernant la prosodie, Greimas propose également d'introduire l'isotopie, afin « de surmonter les obstacles qu'oppose à la lecture polysémique du texte manifesté » (1972:16).

Face aux variations sémantiques, Greimas exprime le besoin d'une nouvelle syntaxe, qui lui sert d'invariant sous-jacent pour décrire l'établissement des (relations entre) isotopies d'un discours. Grâce au fonctionnement métalinguistique du discours, Greimas définit un principe syntaxique dynamique, composé de l'expansion d'un condensé et de la condensation d'un épandu, qui se rencontrent dans une équivalence.

Le parcours génératif se complète ainsi avec sa composante syntaxique et il devient la construction idéale des «conditions nécessaires à la production et/ou à la saisie du sens» (1985d:5 ; 1979a:160). L'hétérogénéité du discours se présente ensuite comme un éparpillement des parcours virtuels de signification de toutes sortes, dont la sémantique se saisit par la syntaxe du parcours génératif.

## Le spectacle de la syntaxe

Une fois formulés le besoin et le principe d'une syntaxe, il lui faut encore les éléments. Pour Greimas la syntaxe est de caractère sémantique, et il le définit au niveau sémémique avec deux classes syntaxiques :

«Nous proposons de retenir le nom d'actant pour désigner la sous-classe de sémèmes définis comme unités discrètes, et celui de prédicat pour dénommer les sémèmes considérés comme unités intégrées» (1966a:122).

La relation entre les deux est la structure élémentaire de n'importe quel énoncé, indépendant du contenu qui s'y investit (1979a:124). En différenciant deux sortes de prédicats, Greimas définit un énoncé de faire et un énoncé d'état, qui constituent l'ensemble du programme narratif (1969b;1976). Et au fil des ans, cette syntaxe s'affine ainsi de plus en plus, en détaillant le parcours génératif.

L'actant de *Sémantique structurale* est emprunté aux *Éléments de syntaxe structurale*, un livre de Lucien Tesnière (1959), qui reprend la relation classique entre le sujet et le prédicat en les positionnant comme des «termes-aboutissants de la relation qu'est la fonction» (1979a:3).

Greimas dit avoir été frappé par une remarque de Tesnière, comparant l'énoncé élémentaire à un spectacle. Parce que c'est comme spectacle que cette syntaxe acquiert sa permanence d'invariant sous-jacent :

> « Le spectacle a cependant ceci de particulier, c'est qu'il est permanent : le contenu des actions change tout le temps, les acteurs varient, mais l'énoncé-spectacle reste toujours le même, car sa permanence est garantie par la distribution unique des rôles » (1966a:173).[21]

À travers toutes les variations sémantiques, il y a toujours l'énoncé élémentaire qui est visible comme une permanence : ce qui se fait voir, c'est la répétition d'un même spectacle syntaxique.

Ce spectacle syntaxique sert de base pour décrire le fonctionnement métalinguistique d'un discours : « C'est par ce jeu syntaxique, reproduisant un même petit spectacle en millions d'exemplaires, que le fonctionnement métalinguistique d'un discours peut être décrit comme la forme du contenu » (1966a:117). L'emploi de terme « acteur » accentue qu'il s'agit surtout de « la vie métalinguistique » des actants, qui par une distribution des rôles diversifient la même permanence (1966a:127). L'emploi du terme « jeu » accentue que cette syntaxe est à la fois « un système de contraintes, formulables en règles », et « un exercice de liberté », une fois acceptées les règles de la syntaxe (1980:29).

La syntaxe de deux énoncés élémentaires fournit Greimas avec une solide base pour décrire comment la signification organise le discours. Dans son article *Éléments d'une grammaire narrative* Greimas précise la syntaxe plus en détail et il la positionne au milieu du parcours génératif comme « un niveau anthropomorphe que l'on désignera sous le nom de grammaire narrative superficielle » (1969b:79).

Mais la permanence d'un spectacle ne fournit pas seulement une syntaxe. Elle permet aussi de mettre en scène l'homme et la société autour des systèmes de valeur : « On pourrait prétendre, écrit Greimas, que l'homme ou la société, pour "vivre" ses valeurs, c'est-à-dire pour se

---

21. Tesnière (1959:102,106) utilise l'expression d'un « petit drame ». Pour plus de contexte, voir Patrick Seriot (2004).

les réaliser sur le plan symbolique qui est celui du langage, dispose de certains schémas itératifs qui leur permettent à la fois d' "humaniser" et de "dramatiser" les valeurs en se les donnant en spectacle» (1964a:151). Ces schémas itératifs, pour vivre des systèmes de valeur, se précisent ensuite avec la définition du *schéma narratif canonique* (1980d:10).

Par le spectacle des actants, Greimas passe donc de la description de la signification à la mise en scène des systèmes de valeur. Un passage qui ne peut se faire sans l'acte narratif.


## La valeur de l'acte narratif

Par sa définition de la signification, Greimas se sépare du signe saussurien et de la sémiosis, en s'imaginant des niveaux en profondeur du plan du contenu pour rendre compte de l'organisation d'un discours par un fonctionnement métalinguistique. Ensuite il s'attaque aux contes de Vladimir Propp : la narrativité est l'objet principal de son analyse pour inventer ce nouvel édifice syntaxique (1965). Ce qui introduit aussi l'axiologie.

Metz (1968) fournit une description de l'objet phénoménologique de la narrativité : un discours clos d'une séquence temporelle des évènements. Mais l'évènement comme pierre angulaire de la narrativité est comparable au paradoxe du signe de l'ordre de la manifestation : l'objet non pertinent, il est pourtant nécessaire, parce qu'il fonde et justifie la narrativité (1976a:16). Devant «l'impossibilité de définir le récit comme une succession d'évènements», Greimas cherche une définition structurale : «l'action du sujet», qui consiste en «une organisation syntagmatique d'actes» (1979a:8,136-137). La définition de l'acte, proposé par Maurice Blondel dans le *Vocabulaire* de Lalande (1962), est retenue comme pertinente : l'acte est un «*faire-être*».

Cette définition de l'acte reprend les deux énoncés élémentaires du programme narratif, au niveau anthropomorphe de la grammaire narrative superficielle comme deux parties du «faire-être», qui chacun ont leur propre sujet-actant. Du côté de l'être, il y a l'énoncé d'état avec la jonction entre un sujet et un objet, ce qui présuppose un sujet désirant qui peut obtenir ou perdre l'objet (1969b:80). Du côté de faire, il y a l'énoncé de faire avec le sujet agissant qui transforme l'énoncé de l'état. Ensemble, les deux énoncés élémentaires définissent le programme narratif.

Le parcours génératif de Greimas est devenu une mise en scène de l'acte, par lequel l'homme et le sens se lient réciproquement en produisant de l'«humain». Mais l'humain n'est plus seulement le sens articulé de la signification. Par l'acte narratif, c'est le *désir* humain qui fait son apparition : «Ce qui frappe ici c'est [...] l'identité de ce que Souriau appelle (en l'attribuant, il est vrai, au Sujet) "la Force thématique orientée", c'est-à-dire, l'identité de la relation principale qu'est le désir humain» (1964a:143). Greimas préfère attribuer cette force à l'objet : l'objet de l'énoncé élémentaire est «le Représentant du Bien souhaité, la Valeur orientante» (1964a:143). La valeur rajoute donc une sorte de supplément à la signification, qui s'introduit sur l'axe de désir : la syntaxe de l'énoncé d'état permet un investissement sémantique de la signification, mais parce que ce «bien» est souhaité par un sujet, le contenu sémantique se transforme en valeur. La valeur n'est pas seulement un investissement sémantique, mais en même temps aussi un investissement économique qui est soumis à des forces (1966a:182).

Greimas formalise le concept de la valeur en 1973 dans son article sur un problème de sémiotique narrative : les objets de valeur. Mais au fond, la valeur se légitime, comme chez Souriau, par son côté subjectif : il faut «doter le sujet d'un *vouloir-être* pour que la valeur du sujet, au sens sémiotique, se change en *valeur pour le sujet*, au sens axiologique de ce terme» (1973b:16). C'est une autre manière de définir ce passage de la signification à l'axiologie. La valeur linguistique de la sémiotique définit l'articulation du carré sémiotique (1979a:414). La valeur axiologique définit le vouloir d'un sujet qui vise le bien d'une catégorie sémantique (1979a:414). Quand la narrativité aboutit à «*anthropomorphiser les significations*», la signification devient une valeur pour le sujet par un vouloir et cette valeur représente ainsi la finalité de l'acte narratif (1965:172).

L'axiologie s'introduit donc par le désir humain et Greimas interprète cet axe de désir par un «vouloir». Quand «tout actant est avant tout une possibilité d'action », c'est parce que ce « vouloir » l'institue comme « une possibilité de procès » : « c'est de son statut modal que lui vient son caractère de force d'inertie, qui l'oppose à la fonction, définie comme un dynamisme décrit » (1964a:150 ; 1966a:185-186). Le statut modal de l'actant prend ainsi son importance. Le sujet désirant et le sujet agissant du programme narratif imposent un dynamisme qui surdétermine le contenu sémantique des énoncés élémentaires. Ce constat amène Greimas à développer une théorie des modalités, qu'il publie en 1976 (1976f).

Avant de reprendre l'encadrement axiologique du spectacle narratif, d'abord un positionnement rapide de cette théorie des modalités.

## La modalisation et l'aspectualisation

Greimas a fait un geste insolite pour les personnages du spectacle narratif : « dépouiller les personnages de toute cette gangue psychologique dont ils sont entourés pour ne voir dans le personnage qu'un actant, pour le dénuder complètement » (1994b:202). L'actant est une unité syntaxique anthropomorphe, qui présuppose le moins possible de sens. Mais ensuite Greimas développe une syntaxe des modalités et de l'aspectualisation, qui vont s'insérer dans le parcours génératif pour habiller à nouveau cet actant dénudé. Afin de pouvoir parler, autrement que la psychologie, de l'homme. Un court inventaire de vêtements disponibles.

La modalisation concerne l'articulation entre les différents énoncés, quand un énoncé (modal) surdétermine un autre énoncé (descriptif). La définition de l'acte comme « *faire-être* », avec les deux énoncés élémentaires du programme narratif, permet de distinguer quatre types de surdéterminations, correspondant aux quatre composantes du schéma narratif :

- Le « faire » modalisant l' « être » : les modalités de la performance ;

- L'« être » modalisant le « faire » : les modalités de la compétence ;

- Le « faire » modalisant le « faire » : les modalités de la manipulation ;

- L'« être » modalisant l' « être » : les modalités de la sanction.

Ensuite cinq modalités sont apparues :

- Devoir, surdéterminant le faire (déontiques) ou l'être (aléthiques);

- Pouvoir, surdéterminant le faire ou l'être;

- Savoir, surdéterminant le faire (la dimension cognitive) ou l'être (la dimension épistémique);

- Vouloir, surdéterminant le faire ou l'être (volitives);

- Croire : surdéterminant le faire ou l'être (la dimension épistémique).

La modalisation s'est complémentée avec l'aspectualisation, parce que le faire anthropomorphe s'habille aussi pour montrer le « faire » comme quelque chose qui est en train de se faire. Ce devenir d'un faire-être, qui dure dans le temps, avec plus ou moins de tensivité, et souvent observé par une instance implicite. Par exemple, la même distance d'un chemin peut apparaître plus ou moins longue, selon l'état d'esprit de celui qui se déplace. L'aspectualisation concerne les procédures qui surdéterminent le faire-être de l'acte comme un devenir. Les aspects sont déjà présents dans *Sémantique structurale* où Greimas les rencontre au niveau sémiologique : ils ont été remplacés par une rectification terminologique vers la composante figurative du discours (1966a:81,85 ; 1979a:339). Mais Greimas les rencontre aussi avec l'aspect énergétique de la terminologie d'Étienne Souriau, qui souligne le côté qualificatif de ses fonctions dramatiques (1964a:142 ; 1966a:155,165).

L'articulation des modalités et des aspects est complexe. Une modalité s'articule, par la syntaxe d'un carré sémiotique, en quatre « positions », qui reçoivent chacune une dénomination. Par exemple le pouvoir-faire s'articule comme un système axiologique de l'honneur (1982b:46) :[22]

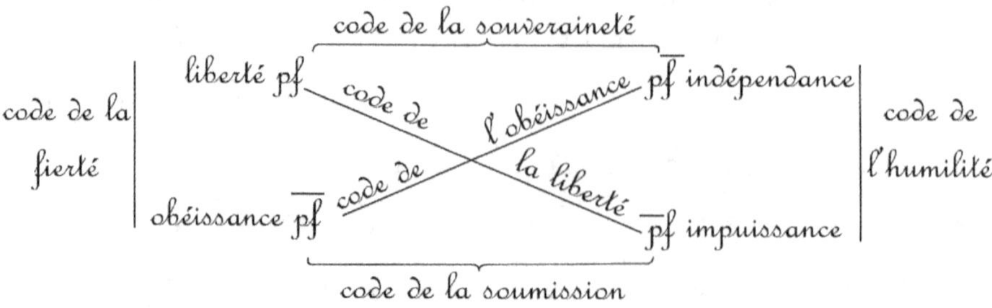


---

22. Ce carré provient d'un compte rendu de Diana Luz Pessoa de Barros dans *Bulletin du Groupe de recherches sémio-linguistiques* 1, 1977, p. 7.

Et puis, il existe l'articulation entre l'articulation des différentes surdéterminations, qui est à nouveau la combinaison générative entre de différentes combinaisons. Par exemple, la combinaison entre une prescription (devoir faire) et le refus (ne pas vouloir faire), qui résulte en une résistance passive. Un exemple de l'articulation de l'aspectualisation est le procès duratif qui contient deux sèmes aspectuels de type ponctuel : l'*inchoativité* et la *terminativité*.

Quand Ricœur remarque que la figurativité est bien plus qu'un simple vêtement de la syntaxe anthropomorphe, Greimas admet que l'habillage des actants est une mauvaise métaphore (1989c:556-557). Et c'est une des raisons pour lesquelles Greimas insiste pour postuler un niveau figuratif profond, afin de muscler le corps de l'actant avant de l'habiller (1987c:319).

## L'encadrement axiologique

Dans son analyse des contes de Propp, Greimas se heurte au « vouloir » surtout par le couple de l'adjuvant et de l'opposant, qui aident le héros, « en agissant dans le sens du désir, ou qui créent des obstacles en s'y opposant » (1964a:145). Le couple est « à considérer comme une modulation du vouloir », qui ne présente « que des circonstanciels de la fonction du désir » (1964a:145; 1966a:134) :

> « À première vue, tout se passe comme si, à côté des principaux intéressés, apparaissaient maintenant, dans le spectacle projeté sur un écran axiologique, des actants représentant, de façon schématisée, les forces bienfaisantes et malfaisantes du monde, des incarnations de l'ange gardien et du diable du drame chrétien du Moyen Âge » (1966a:179).

Mais ces actants ne sont pas de véritables actants, mais ce sont des participants circonstanciels qui incarnent en fin de compte des forces par un statut modal auxiliant du sujet (1979a:25). On retrouve ainsi les modalités, comme le « vouloir », par lequel ce couple participe à la possibilité du procès d'un actant. La totalité des modalités dont un sujet dispose avant l'acte, est dénommée par Greimas la compétence : c'est *ce* qui « fait-être ». Le programme narratif, c'est-à-dire le « faire-être », est dénommé la performance : la dimension pragmatique de l'acte (1976f:92-93).

Mais ce couple incarne en même temps aussi le bien que le mal : une « appréciation que le sujet porte sur son propre procès », ce qui implique un jugement éthique sur cette « possibilité de procès » d'un « vouloir » du sujet, afin de le transformer en « un autre moi-même » à l'aide de la lutte idéologique (1964:147 ; 1966a:180). Bien que ce ne soient pas de véritables actants, l'adjuvant et l'opposant témoignent en même temps d'un jugement éthique sur le « vouloir » du sujet : ils sont « jugés bénéfiques ou maléfiques par rapport à son désir » (1966a:180).

Dans le modèle actantiel, l'adjuvant et l'opposant sont liés au sujet, comme des participants. Mais Greimas positionne la valeur du côté de l'objet de l'énoncé élémentaire et il introduit un nouvel axe complémentaire au désir : l'axe de la communication, où l'objet s'échange entre le Destinateur et la Destinataire. Le modèle actantiel est représenté avec la figure ci-dessous. Dans ce modèle, le couple « circonstanciel » n'est qu'une projection du désir du sujet, sans être un véritable actant (1964a:147 ; 1966a:180) :

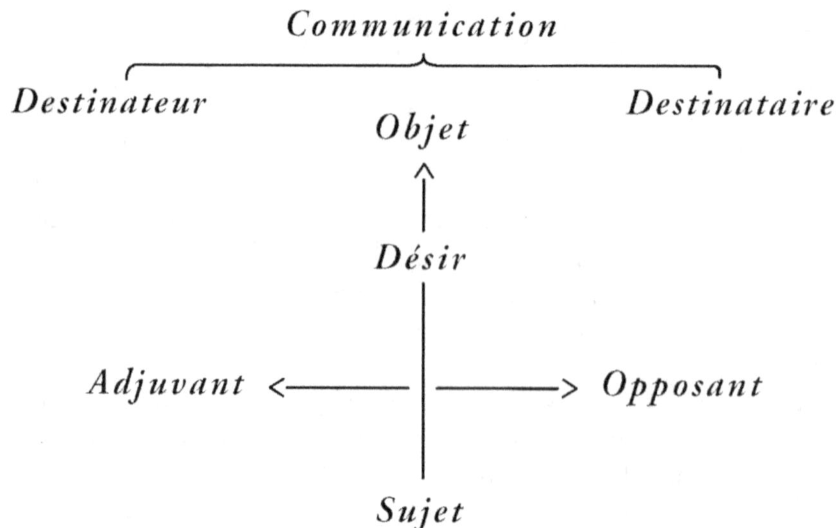

Le destinateur et la destinataire sont, comme la fonction métalinguistique, repris du schéma de la communication de Jakobson (1979a:94) et ils sont positionnés dans un univers transcendant, séparé de l'univers immanent ou le sujet agit par un «faire-être» (1979a:94; 1980d:20) :

> «Si un objet ne devient une valeur qu'en tant que projection du "vouloir-être" du sujet, c'est-à-dire doté du statut modal d'"être-voulu", on peut concevoir qu'avant de devenir une valeur pour le sujet, elle n'en avait pas moins une existence virtuelle au sein de l'univers axiologique cautionné actantiellement par le Destinateur ».

L'axe de désir humain est donc encadré par un univers transcendant, qui est source et dépositaire des valeurs (1973b:21). Mais cet univers transcendant comporte aussi l'instance du jugement pour évaluer le «faire-être» du sujet (1980d:22) :

> «Deux figures de Destinateurs - réunis souvent en un archiactant - apparaissent ainsi, le premier comme le dépositaire des valeurs qu'il cherchera à inscrire dans les programmes d'action, le second comme le juge de la conformité des actions par rapport à l'axiologie de référence».

La communication entre ces deux univers, transcendant et immanent, est une «communication axiologique» (1976b:127), pour laquelle Greimas introduit la notion de contrat. Le contrat marque l'alignement entre le Destinateur et le sujet (1966a:195). Le contrat s'établit au début de l'histoire, situé dans la composante de la manipulation du schéma narratif. L'évaluation du contrat se fait par un jugement à la fin de l'histoire, situé dans la composante de la sanction du schéma narratif. La manipulation et la sanction fournissent l'encadrement axiologique de la compétence et de la performance du schéma narratif.

Le Destinateur et le Destinataire de l'univers transcendant représentent ainsi «un souverain à la manière de Mithra, gardien des contrats, de l'équité des rapports humains et de la vérité des choses et des êtres». Et il détient les «normes de l'axiologie» pour juger le faire-être du sujet : est-ce que les actes sont «justes» et est-ce que les jugements d'existence sont «vrais», c'est-à-dire, conformes aux normes prévues (1980d:24).

Greimas n'applique l'encadrement axiologique du vouloir du sujet pas seulement au niveau individuel du héros. Avec le discours juridique, il introduit aussi un actant *collectif* qu'il dote d'un vouloir, cette fois-ci social : le contrat consiste en une « mise en commun » des vouloirs partiels des individus, pour que cet actant collectif puisse ensuite s'adresser à l'autorité législative pour établir un deuxième contrat entre le Destinateur et l'actant collectif (1971b:27).

Dans les deux cas, l'encadrement axiologique du vouloir, par un système de valeurs de l'ordre transcendant, pose la relation entre l'homme et la société. C'est ce qui explique selon Greimas le succès de la narrativité : « Le succès, un peu inattendu, qu'ont eu les schémas de Propp en France s'explique en partie, il nous semble, par le fait que le conte russe traitait en réalité, sous les habillages figuratifs variés, un seul problème obsédant, celui du sens de la vie d'un homme solidement inscrit dans la société » (1983a:12). L'encadrement axiologique permet à l'homme de s'inscrire dans la société, afin de jouir de « la plénitude des valeurs » (1966a:209). Il en résulte un encadrement social.

## L'encadrement social

Inscrire l'homme dans la société reprend au niveau de l'acte, la question saussurienne de la langue et de la parole : « À la manière de la langue qui, en tant que système, fonde et instruit la parole en tant que pratique du langage, l'action de l'homme semble, dans cette perspective, n'avoir de sens que si elle est inscrite dans l'univers des valeurs qui l'entoure » (1980d:22). L'acte de la communication, la parole, implique l'inscription de l'homme dans une « superstructure sociale » : la langue. Et comme l'acte de la parole, tout acte narratif implique l'inscription de l'homme dans une « superstructure sociale » : il faut l'encadrement axiologique du Destinateur, sans quoi le vouloir de l'homme n'a pas de sens.[23]

---

23. Est-ce que ce rapprochement permet de caractériser la langue comme une axiologie? Selon Benveniste, la linguistique peut se passer d'une axiologie : la langue n'a ni de bon, ni de mauvais. Seulement les sciences de l'homme qui « étudient les besoins des hommes » ont besoin d'une axiologie pour évaluer la finalité de l'action (Fenoglio, 2012:168,174).

La narrativité fait réapparaître la langue, mais cet «espace social autonome, qui dépasse les individus et leur impose des modèles de sensibilité et des schémas d'action», a changé de nom et cet espace s'appelle maintenant l'axiologie (1958:112). Les deux sont de nature symbolique : comme avec le langage, «vivre» ses valeurs, c'est «les réaliser sur le plan symbolique» (1964a:151). Et les deux sont antérieurs à l'individu : «c'est la langue qui parle en nous, ce n'est pas nous qui parlons la langue. Il y a une sorte d'intériorité collective de l'esprit humain qui précède le sujet parlant» (1975a:23).

La narrativité est la forme sémiotique par laquelle l'esprit humain se manifeste dans le monde et Greimas cherche à travers elle à penser une dialectique entre l'homme, en tant qu'individu, et la société, en tant que culture (1970c:6-7). Il ne s'agit pas de la singularité de l'individu d'après Gottfried Wilhelm Leibniz, mais d'une permanence universelle qui transcende les individus en tant que totalité, comme la langue (1979a:43,186). L'individu peut se constituer à partir de cet univers transcendant, en s'y intégrant et en y participant. Au fond, c'est aussi la logique du schéma narratif canonique : sans une dialectique entre l'homme et la société, autour d'un univers de valeurs, le programme narratif ne trouve pas son sens.

L'enjeu épistémologique motive la nécessité d'un édifice syntaxique qui se construit autour de l'actant. Mais ce spectacle actantiel montre surtout un enjeu anthropologique : l'homme en rapport avec la société à travers un système de valeurs. Sa dimension paradigmatique est l'axiologie. Sa dimension syntagmatique s'occupe du sens de la vie : l'aventure axiologique d'un homme qui s'engage dans l'histoire par l'acte narratif. Greimas le caractérise avec trois mots : «irréversible, libre et responsable» (1965:172).

L'homme a la possibilité d'exercer «la liberté humaine» pour s'aliéner du social ou de choisir «le renoncement à cette liberté», en souscrivant à l'encadrement social (1965:172). Dans les deux cas, l'engagement de l'homme par l'acte est irréversible et par cette irréversibilité de l'acte, l'homme en hérite la responsabilité.

## L'aventure axiologique

*Sémantique structurale* se réfère à Dumézil pour proposer deux formes de description complémentaires : l'axiologie, de nature qualificative, concernée par les caractères, et l'idéologie, de nature fonctionnelle, concernée par le comportement (1966a:128,148,172). Ce sont les deux côtés de l'acte : l'être axiologique et ce résidu diachronique de la lutte idéologique pour transformer les valeurs : « grâce à ce dénominateur commun qu'est le désir », le spectacle narratif est à concevoir comme une quête, qui cherche à obtenir la valeur souhaitée par le sujet (1964a:143).

Dumézil a transformé les mythologies en idéologies : la démythification d'un vouloir anthropomorphe qui veut transformer l'homme (1976a:203). Greimas a transformé les sémantismes en axiologies : la transformation d'un investissement sémantique en un système de valeurs (1979a:332,396 ; 2017a:126). Greimas a introduit l'énoncé élémentaire : la jonction entre sujet et objet, avec un « vouloir ». Le programme narratif a transformé cette relation en une quête d'un objet de valeur. Et le schéma narratif a fourni l'encadrement social et axiologique de l'univers transcendant (1973b ; 1980d:22). Le sujet retrouve ainsi son aventure axiologique, qui, selon Greimas, est « le fin mot de l'histoire » (1986e:57).

L'aventure axiologique est le parcours du sujet pour se valoriser par rapport à la société. Greimas (1980b) dessine un portrait remarquable de Barthes, qui est en même temps aussi une réflexion sur son propre trajet. Quand Barthes fait en 1954 la description d'un « univers axiologique figuratif », avec Michelet, il s'agit déjà d'un premier pas vers sa propre quête d'une axiologie : un « nouvel individualisme à inventer ». L'aventure axiologique de Barthes, malgré sa « démythification » des mythologies, n'a pas pu apporter la lucidité, nécessaire pour ne pas devenir dupe de son engagement. Barthes est devenu ainsi « exemplaire comme l'illustration du désastre d'une génération » (1980b). Une mésaventure qui a débuté dans sa rencontre avec Greimas par la « véritable praxis » des vêtements : la question du style, en s'habillant en costume (Barthes, 1957:437). Mais ce style d'un nouvel individualisme « ne semble pas avoir été exploité et approfondi depuis lors » (1979a:366).

Greimas souhaite établir des axiologies. La forme sémiotique est censée apporter de la lucidité, nécessaire pour ne pas être dupe de son engagement idéologique (1986d:43). Donc il faut avant tout décrire l'encadrement social et axiologique de l'acte. Greimas cède à la « belle âme » pour suivre « la voie des philosophes allemands des siècles passés », en s'inclinant devant les « Trois Grandes Dames » : Vérité (épistémique), Morale (éthique) et Beauté (esthétique) (1976a:137 ; 1985b:170 ; 1986e:57 ; 1988b:9 ; 2004:50). Ce sont les trois grands systèmes axiologiques nécessaires à l'encadrement de l'aventure axiologique que l'homme entreprend dans la société. Quand Ricœur s'est senti obligé de se prononcer sur l'aventure de Greimas, il ne le désigne pas comme l'aventure d'un homme d'action raté, mais d'un homme d'action souffrant, qui a subi « ce trouble dans le discours » (1994b:205,207).

Barthes (1973:84) cherche, par le plaisir du texte, la singularité d'une personne qui arrive à provoquer le père politique en lui montrant son derrière. Greimas cherche à établir, par la systématicité du texte, l'universel d'un père symbolique qui permet à l'individu de s'inscrire dans un ordre politique. Barthes (1973:10) essaie de contredire la langue en s'aliénant en tant qu'individu : « le texte de plaisir, c'est Babel heureuse ». Greimas essaie de rétablir la langue avec une axiologie : l'histoire de la Tour de Babel « ne peut engendrer qu'une situation d'aliénation », ce qui entraînera « une nouvelle ère d'incroyance » (1980a:7). Un nouvel individualisme par le style *versus* un nouveau collectivisme par l'axiologie.


## L'imaginaire narratif

Greimas aime souscrire à l'idée d'Italo Calvino que « l'homme avant de réfléchir s'est mis à raconter » (1970c:6 ; 1976a:205 ; 1992a:14-15 ; 2017a:43). Ainsi qu'au « concept merveilleux » de l'identité narrative de Ricœur, où l'homme atteint son identité par la médiation de la fonction narrative (1994b:212). Metz (1968:31) l'associe à cette idée ancienne, qui « a souvent été développée depuis les études de Jean-Paul Sartre sur l'imaginaire : le réel ne raconte jamais d'histoires ». L'acte de raconter irréalise les évènements racontés dans l'imaginaire d'un spectacle, qui sert de miroir à l'homme.

Il s'agit d'une double irréalisation, qui répète le dédoublement de la surface. D'abord, au niveau de l'énonciation, le passage entre le monde naturel à l'ordre d'un discours. Ensuite, au niveau de l'énoncé, il y a les évènements racontés. Le premier niveau est représenté par la manifestation du discours : le paraître de la surface superficielle. Le deuxième niveau est représenté par le spectacle de la syntaxe anthropomorphe : la surface profonde. Et ce dernier niveau présuppose toujours le premier. Regarder un film, c'est d'abord s'identifier avec le dispositif cinématographique (l'identification primaire), afin de pouvoir s'identifier ensuite, secondairement, aux personnages dans un film (Metz, 1977b:66-75).

Une fois dans l'imaginaire narratif, la chose racontée ne peut se faire sans l'axe de la déception. Dans son analyse de l'histoire du héros sans peur, Greimas illustre comment «les modèles de la constitution et de l'agencement des personnages» profitent de ces modalités véridictoires pour raconter une histoire (1967c). Au niveau anthropomorphe, les actants s'habillent, en assumant différents rôles et en évoquant le mode déceptif du secret et du mensonge. En 1973 il précise ce fonctionnement de la vie métalinguistique autour des actants, quand il donne sa définition du carré de la véridiction : «La surdétermination des actants selon cette catégorie de l'être et du paraître rend compte de cet extraordinaire "jeu de masques" [...] qui constitue un des axes essentiels de l'imaginaire narratif» (1973a:55).

Greimas reprend souvent les *swindler tales* (1973b:23 ; 1976e:442 ; 1980a:7 ; 1985c:349). Heda Jason (1968:1) a défini une structure narrative de ces histoires : *«about a clever personage who cheats a less clever one in order to win (usually) a small material gain or gratification»*.[24] En 1966, Jason traite les fonctions de Propp comme les fonctions grammaticales d'une phrase et par cette méthode Jason peut définir un nombre limité de fonctions et deux «actants» : le trompé (*dupe*) qui subit et le trompeur (*rascal*) qui agit. Leur combinaison génère les *swindler tales*. Pour Greimas, ils illustrent notre condition humaine : «trompeur et trompé à la fois».

---

24. Jason préfère le terme *swindler*, plus général, au *trickster*, limité à la tradition amérindienne. Le corpus de Jason inclut aussi des histoires d'Afrique, Inde, Yémen et (autrefois) Yougoslavie. Pour en faire un genre, il faut aussi y inclure d'autres termes, p. ex. *conman, grifter* ou *deceiver*.

L'analyse du conte des *Deux amis* dans *Maupassant*, décrit le mode déceptif à l'aide de ces rôles thématiques. Dans le rôle de «*pêcheurs*», ils sont trompés par un anti-destinateur, représenté par le Mont-Valérien, et un non-destinateur camouflé, représenté par la vacuité du ciel. Ensuite, brusquement, ils se retrouvent avec leur «pêche miraculeuse» aux pieds d'un officier allemand, qui va les accuser d'espionnage. Dans le rôle d'«*espions*», les deux amis sont mis devant le choix entre la bourse ou la vie par l'officier allemand, qui ensuite, par manque de mot d'ordre, donne les ordres dans sa propre langue de les fusiller. Dans le rôle de «*fusillés*», les deux amis ont rétabli l'ordre guerrier. Et dans le rôle d'«*amis*», ils n'ont pas trahi leur amitié devant cette fausse autorité allemande, «décepteur caractéristique du folklore lithuanien». Mais c'est bien l'officier allemand qui, à la fin, profite de leur belle prise (1967c:224,232 ; 1976a:82,90,218,237).

Il n'y a pas que le discours narratif qui tourne autour de son propre véridique par un référent interne. Mais pour paraître vrais, ces autres discours invoquent le mode déceptif autrement. Le discours historique projette une réalité dans le passé, pour la ramener de nouveau dans le présent comme un antérieur : «mais cette fois-ci, enrichie d'une autorité fondée sur la vérité» (1976a:31). Le discours juridique procède par une réification du signifié, qui permet de faire comme si la normativité de la loi est naturelle (1976a:85 ; 1979a:417).[25] Le discours humaniste impose un universel achronique comme vrai (1976a:31). Et le discours parabolique suggère un plan anagogique profond, ainsi que dans le discours de Lacan, son «avatar moderne» (1980a:8).

Et que penser des jeux de mots dans *De l'imperfection* autour de l'attente : «quelque madeleine proustienne déclenchait la nostalgie» pour nourrir notre imaginaire avec «des souvenirs d'attentes avortées». La nostalgie est décrite comme la mise en scène d'un aveu de déception : avoir un «regret mélancolique» pour une «attente heureuse» de jadis, qui est définitivement hors de portée (1990a:V ;1986b:10 ;1987a:94-99).

Metz (1977b:56 ; 1980:54) retrouve l'imaginaire narratif dans le dispositif fictionnel du cinéma : son signifiant imaginaire sait créer

---

25. Avant de partir en France, Greimas a suivi des cours de la philosophie de droit en Lituanie, dont faisait partie Hans Kelsen (2017a:20).

la transparence d'un signifié de jadis réifié. Comme le reflet d'un miroir, le produit devient le retournement de sa production, par la réification d'un sujet qui se prend comme objet. Ce qui provoque un effet d'existence antérieure, un « autrefois », qui est selon Metz (1977b:56) « sans doute l'un des grands charmes (largement inconscient) de toute fiction ». L'homme s'engage dans l'imaginaire narratif par le mode déceptif : pour en être dupe et/ou pour en jouir.

## La déception véridique

Depuis le début de sa méthode, Greimas a affirmé la nécessité de faire la différence entre deux formes d'existence de la signification : l'être et le paraître surdéterminent, comme une modalité, l'objet sémantique (1966a:217 ; 1966d:32 ; 1969a:134). Ceci reprend le paraître de la surface, parce que pour Greimas « le sens est toujours plus ou moins camouflé » (1970c:7). Plus tard, Greimas redéfinit cette différence avec les modalités de la véridiction, qui se définissent par l'articulation entre ce qui ressemble à la réalité, le mode *véridique*, et ce qui se fait passer pour la vérité, le mode *déceptif* (1966d:32 ; 1973a:165).

Il y a le mode véridique : le jugement du dire-vrai ou du dire-faux d'un énoncé. Le véridique est de l'ordre de l'énonciation. Il s'agit d'un « dire » qui produit un discours sur la réalité et le jugement véridique présuppose une adéquation entre cette réalité et le discours énoncé. Le résultat du jugement indique si ce dire est vrai ou faux. C'est vrai, quand ce qui paraît au niveau du discours est ce qui est dans la réalité. C'est faux quand ce qui ne paraît pas au niveau du discours est ce qui n'est pas dans la réalité.

Mais le mode véridique de Greimas ne se prononce pas sur la ressemblance entre l'énoncé et la réalité extralinguistique : cette adéquation est de l'ordre de la vraisemblance (1980a:1). Greimas coupe le lien entre le discours et tout référent extérieur au discours. Par la fonction métalinguistique du discours, la véridiction s'appuie uniquement sur la cohérence du référent interne du discours : « la vérité intrinsèque du récit » (1973a:166).

La réalité n'est donc pas une chose externe au discours, mais un effet de sens produit par le discours : l'impression de la réalité à l'intérieur de ce discours est vraie ou fausse.

Et puis, il y a le mode déceptif de la tromperie. Greimas l'introduit dans sa relecture extraordinaire des fonctions de Propp : la transformation des contenus avec un traître qui est démasqué (1965:160). Mais Greimas en a besoin également avec l'introduction du concept de reconversion dans l'analyse des mythes : l'équivalence des contenus d'un mythe bi-isotope (1966d:33). Articulé à la véridiction, le discours profite de la non-adéquation de l'existence d'un contenu sémantique sur l'axe de l'être et l'axe du paraître. Le mensonge paraît vrai, sans l'être. Le secret est vrai, sans le paraître.

Le mode déceptif rend caduque l'adéquation du mode véridique, en introduisant la dimension du (faux-) semblant comme ce qui soutient et compromet le paraître. Greimas introduit la dimension cognitive, supplémentaire à la dimension pragmatique de l'acte, pour situer le savoir de ce qui se sait sur le mode véridique et déceptif dans le discours (1976e).

Les modalités de la véridiction sont toujours restées problématiques dans l'analyse des textes. Dans son analyse de *Cendrillon* en 1973, avec Joseph Courtés, il n'est pas possible de « traiter totalement et correctement le problème de cette modalisation » (1978a:249). Quand Courtés (1976:131) reprend cette analyse, il ajoute des modifications, qui ne sont « peut-être non encore totalement satisfaisantes ». Et en reprenant *Cendrillon* en 1991, Courtés (1991:120) introduit le jugement épistémique, parce que il est présupposé par les modalités véridictoires.[26]

La différence entre un *être* et un *paraître* est cruciale pour la pensée de Greimas, mais la définir avec des modalités véridictoires semble être insuffisant pour les analyses textuelles. La problématique se complique ensuite avec les modalités de la dimension épistémique : le savoir de la dimension cognitive, mais aussi la modalité du croire.

---

26. Ce sentiment d'insuffisance des modalités de la véridiction se présente auprès plusieurs auteurs, ainsi que des propositions de l'améliorer. Voir p. ex. le numéro 31 en 1982 de *Documents du Groupe de recherches sémio-linguistiques* avec la réaction de Jean Petitot à Per Aage Brandt, Fontanille dans le 2éme tome du *Dictionnaire raisonné* (1986c:34-37,252-253) ou Jean-François Bordron (1987:111-113).

## L'adhésion épistémique

Les modalités véridictoires sont concernées par *l'adéquation entre l'énoncé et la « réalité » de son référent interne*, avec l'éventuelle intrusion du mode déceptif : il s'agit de « la distance entre l'isotopie phénoménale du paraître et l'isotopie nouménale de l'être (au sens sémiotique et non métaphysique de ces termes) » (1975b:17). Mais ce jugement n'est pas objectif. Il dépend d'un sujet épistémique qui « sélectionne les équivalences dont il a besoin pour accueillir le discours véridictoire » (1983e:145).

Pour accueillir le discours, le sujet épistémique se réfère à son « univers cognitif de référence », parce que seul cet univers cognitif, composé par le croire et le savoir, « permet d'évaluer et d'asserter l'adéquation de l'énoncé nouvellement offert à des formes sémiotiques déjà assumées » par le sujet (1983e:145). Les modalités épistémiques sont donc concernées par *l'adéquation entre l'énoncé et l'univers cognitif du sujet* : il s'agit de la « distance fiduciaire entre les paroles de l'autre et l'adhésion qu'il convient de lui témoigner ». En quoi le sujet est-il prêt à faire crédit à la parole de l'autre ? Le sujet n'adhère à une impression de réalité énoncée par l'autre que dans la mesure où il peut s'identifier à cette « réalité ».

Le jugement épistémique introduit ainsi un troisième mode d'existence de la signification : le *croire-certain* s'ajoute à l'être et le paraître : dire-vrai n'est pas pareil à être certain. L'acte épistémique élargit ainsi la problématique de la véridiction avec une sorte de mode « *certifique* » : l'adhésion de « notre propre univers cognitif » au monde qui est énoncé, ce qui est de l'ordre de l'identification entre le sujet et ce monde (1983e:133).

Le jugement épistémique peut s'appliquer à un objet échangé dans un programme narratif, raconté par un discours (*énoncif*) ou, sur l'axe de la communication, entre les deux instances de l'énonciation (*énonciatif*). Le jugement résulte en une adhésion épistémique, qui se mesure en termes de (d'in)certitude et de (d'im)probabilité et il est représentée par un contrat fiduciaire. Le contrat de la véridiction n'est qu'une forme particulière de ce contrat fiduciaire (1975b:16; 1976a:198; 1979a:129;1980a:8; 1994a:382).

Le mode d'existence «certifique» de la signification est une chose bien fragile, parce que les «gens n'y croient pas, tout en y croyant». Un croire ambigu permet ainsi la coïncidence des contraires : je sais bien que je vais mourir, mais quand même, comme Miguel de Unamuno, je n'y crois pas (1980d:131). Le sujet peut donc adhérer à plusieurs «réalités», qui coexistent simultanément et où l'une est toujours plus ou moins certaine que l'autre. Dans le contexte du savoir (la vérité) et le croire (la certitude), Greimas présente cette coexistence comme une structure élastique : molle, il n'y a pas de tension, mais l'étirement provoque une tension qui les sépare (1983e:131).

La tension est la plus extrême quand il s'agit des «réalités» qui se contredisent : la coïncidence des contraires. Greimas y voit un prétexte pour reprendre une remarque de Dumézil, qui nous rappelle que le croire, dans son origine latine, s'applique aussi bien à une croyance qu'à une confiance. [27] La confiance entre les hommes et la confiance entre leurs énoncés (les mots) et les choses. Les trois modes d'existence de la signification (véridique, déceptive et certifique) obligent ainsi à faire «un détour par la communication confiante entre les hommes», donc le rapport à l'autre (1983e:131). Pour Greimas, cette confiance se renforce plus autour du croire qu'avec le savoir : le «*credo quia absurdum*» médiéval «nous oblige à constater que non seulement le savoir installé ne parvient pas à expulser le croire, mais que le croire repose parfois, et se consolide même, sur la négation du savoir».

Greimas rencontre l'adhésion épistémique par la manipulation qui se fait par le vouloir (la séduction), mais aussi par le savoir : l'«épreuve *cognitive*» pour convaincre quelqu'un (1983e:137). Mais ensuite «recueillir l'adhésion du sujet» à un discours dépend moins d'un savoir, mais plutôt d'un croire. Donc, la manipulation de l'autre n'est plus un «faire-faire», mais elle devient un «faire-croire» : il s'agit d'influencer le sujet pour créer «un état affectif» qui a pour effet que quelqu'un croit (1977a:12 ; 1983e:137).

---

27. Dumézil (1969:47-59) souligne l'importance de ce mot juridique et profane dans le chapitre *Credo et fides* de son livre *Idées romaines*. Dans la mythologie grecque, Jean-Pierre Vernant (2007:586) le représente par Pistis : par opposition à «la certitude de la science», Pistis définit «le domaine du vraisemblable».

Finalement, l'adhésion épistémique aboutit à la question sur quoi se fonde l'adhésion par le croire (1977a:13). Comment s'institue un *état affectif* qui a pour l'effet que quelqu'un croit : par les modalités épistémiques du croire-certain ou par la passion ? La passion s'impose dans la méthode par cette force adhésive d'un croire entre le sujet et un discours.

Avec la narrativité, il y a eu d'abord, la dimension pragmatique de l'acte : *que dois-je faire* (1980d:14) ? Ensuite, avec le mode déceptif de la véridiction, Greimas introduit la dimension cognitive : *que puis-je savoir* (1976e) ? Et une fois que cette dimension cognitive, par la dominance du croire, s'est remplie de trop d'affectivité, Greimas transvase l'affectivité dans une dimension autonome, le pathèmique : *que m'est-il permis d'espérer* (1983a:18) ? Le savoir sur ce savoir pour l'homme qu'est la signification a identifié ainsi trois dimensions dans le discours qui correspondent aux trois questions de Kant. À la dernière question posée sur l'espoir, Greimas répond finalement avec la fiducie dans *Sémiotique des passions*.

# 3. L'EXTENSION DE LA MÉTHODE

*Sémiotique des passions* introduit de nouveaux concepts dans la méthode. Quelques concepts s'alignent avec la méthode de Greimas : par exemple la praxis énonciative. Mais la plupart appartiennent à un nouveau domaine et ils font subir un véritable changement à la méthode de la *Sémantique structurale*. À travers l'extension, Greimas quitte l'espace sémiotique qu'il avait ouvert en 1966 par cette porte étroite du sens articulé et il passe d'une axiomatique déductive à une discipline axiologique. Il s'agit donc d'inventorier, au niveau épistémologique, l'impact de cette extension sur les différents aspects concernés. Mais pour Greimas, l'extension est avant tout une accentuation de son enjeu anthropologique. Donc il faut ensuite retracer, jusqu'au seuil de l'insignifiance, comment se situe cet enjeu dans l'œuvre de Greimas. Ce qui laisse finalement ouverte la question suivante : en quoi l'enjeu anthropologique rend-il nécessaire la transformation épistémologique de l'extension ?

## L'horizon ontique

Avec les passions, Greimas introduit un horizon ontique, alors qu'il a toujours voulu éviter des discussions sur l'ontologie. Il est même question de transcender l'instance de l'énonciation par un horizon tensif (1991a:17)[28]. N'est-ce pas une menace à la sémiotique, comme avec l'énonciation, qui ouvre «les robinets de quelque chose» qui nous dépassera (1975a:25)?

L'horizon représente le point de fuite d'un espace, dont les choses (dis-)apparaissent, suite aux contraintes de notre perception. L'utilisation d'un horizon ontique, pour indiquer une sorte de chose en soi, hors d'atteinte et comme tel inconnaissable, est tout à fait conforme à la «solution boiteuse» qu'il pratique pour que la sémiotique ne glisse pas vers une philosophie (1994b:204).

Mais en introduisant deux nouveaux concepts, la tensivité et la phorie, sur le fond de cet horizon ontique, qui sont «porteurs d'un rendement exceptionnel», Greimas procède à une profonde extension épistémologique (1991a:16). Il ne s'agit plus de la matière de Hjelmslev, dont la forme sémiotique représente le sens articulé, mais de deux nouvelles matières :

- La masse phorique, marquée par une forte dynamique, suite aux oscillations entre des forces d'attraction et de répulsion. L'instabilité de ces forces disséminées tend vers l'unité, c'est l'horizon de l'*Un* de Charles Singevin, philosophe que Greimas a rencontré lors de son séjour à Alexandrie (1988a ; 1991a:22,32,34,219) ;

- La masse thymique, responsable de l'éclatement de l'*Un*, qui représente la vie intérieure de l'homme. Par la protensivité d'un «*presque-sujet*» et la sommation par un corps affecté, cette masse

---

28. Est-ce que Greimas ne suit pas quelque part le même mouvement que Husserl : d'abord se défaire de «toute cette gangue psychologique» en transformant le sujet dans une logique des actants et des modalités, pour introduire ensuite une instance transcendante. D'abord par l'univers du Destinateur et ensuite par la tensivité phorique : «en deçà du sujet de l'énonciation» (1991a:19 ;1994b:202). Voir aussi l'article de Hendrik J. Pos (1958:272-274) sur la subjectivité transcendantale de Husserl. Il reprend la thèse d'Eugen Fink, «la phénoménologie vise à établir l'*origine du monde*», et l'exigence idéaliste de Husserl pour déclarer «illusionnaire l'idée que le possible devance le réel».

thymique scinde la masse phorique et elle engendre en même temps la fiducie intersubjective, afin de pouvoir croire à la valeur (1991a:25,26,28,45,51,62,139,152).

Cette description de quelques lignes aura de quoi faire discuter, mais le but n'est que d'illustrer le fait que deux nouvelles masses s'ajoutent à la matière immatérielle de la forme sémiotique. Le concept indéfinissable de l'articulation, fondé sur le monde discontinu, permet de parler de la structure élémentaire de la signification. « La sémiotique ne peut pourtant pas en rester là » (1991a:9). Il faut aussi s'imaginer la naissance de cette articulation à partir d'un monde continu avec la tensivité phorique des passions. Ce qui nécessite d'introduire ces deux nouvelles matières.

L'objet à saisir par cette extension épistémologique, se montre dans le passage du corps percevant au corps sentant. Dans *Sémantique structurale*, il y a le corps comme médiateur avec la catégorie de proprioceptivité du « schéma corporel » de Merleau-Ponty : « une sorte d'apriori intégré à la perception même » qui venait à la rencontre du niveau sémiologique et qui dans la suite est mis « entre parenthèses » ou « oublié » (1966a:86-87,136,226). Avec le sentir des passions, le corps est promu comme agent actif qui homogénéise l'existence sémiotique du dedans et du dehors (1991a:12-13). L'articulation de la matière immatérielle passe par le corps.

Le sentir reformule la relation entre l'homme et le monde. Dans *Sémantique structurale*, le monde peut être dit « humain », « dans la mesure où il signifie quelque chose » (1966a:5). Avec les passions, le monde pourrait être dit « humain », dans la mesure où le sujet se proclame « maître du monde » pour en faire sien (1991a:18). L'articulation de la matière immatérielle passe par le sujet.

Greimas a introduit le concept de la relation pour éviter toute discussion autour d'une ontologie. La signification présuppose l'existence de la relation, concept non définissable, qui articule la structure élémentaire de la signification autour de l'altérité et de l'identité. Avec les passions, l'identité et l'altérité réapparaissent autour de la protensivité et de la fiducie, qui incarnent un méta-vouloir, un méta-savoir et un méta-croire d'un sujet d'état (1991a:9,26,29,31). L'articulation du sens ne passe plus par la relation.

Ce n'est plus la structure axiologique de l'analyse de *Maupassant*, qui est posée sur une structure sémantique. Mais l'axiologie devient une discipline, qui repose sur sa propre substance : la valence, cette «valeur de la valeur» devient le fondement ontologique, à la place de la relation, pour légitimer l'être (1991a:24). Et quand la substance de la valence se met en place, la théorie glisse de la matière amorphe du sens vers une matière anthropomorphe d'un sujet protensif et de son autre.

Une fois la valence introduite, *Sémantique structurale* perd son adjectif, qui avait été ajouté «en lettres rouges» sur le conseil de Jean Dubois au moment de sa parution (Chevalier, 2006:354). La sémiotique devient définitivement une discipline axiologique.

## La polysémie de l'équivalence

Le glissement de la sémiotique vers une discipline axiologique est bien visible dans le changement du concept d'équivalence. Dans *Sémantique structurale*, l'équivalence est définie par l'identité sémique partielle. Benveniste (1966:303) différencie deux valeurs. D'un côté l'identité qui se confirme par la permanence de ce que différentes entités ont de commun : la valeur d'insistance; de l'autre, une identité qui se confirme par la différence avec d'autres entités : la valeur différentielle. Cette dernière valeur oblige l'équivalence de la valeur insistante à n'être que partielle.

La narrativité introduit le problème de la comparabilité entre les valeurs, situées dans l'univers transcendant. L'échange d'un objet dans la communication nécessite de savoir l'équivalence entre les valeurs d'un objet. Au début, ce savoir est situé dans la dimension cognitive et un «échange équilibré repose de ce fait sur une confiance réciproque» entre les participants. Greimas formalise cette relation de confiance intersubjective avec un contrat fiduciaire (1973b:32).

*Sémiotique des passions* introduit l'étalon pour mesurer cette équivalence : la valence, valeur des valeurs, et «critère régulateur» de la rencontre entre un sujet et un objet, qui se choisissent réciproquement. La valence permet que n'importe quel contenu sémantique soit le bienvenu, «pourvu qu'il soit conforme à la valence» (1991a:48). Donc, il ne s'agit plus d'identité sémique d'un contenu sémantique : la valeur prend le dessus sur le contenu sémantique. Peu importe le contenu, tant qu'il équivaut à la valence, sans trop d'excès ou d'insuffisance, ses écarts de la pensée mythique (1983e:141,143). Ensuite, pour garantir la stabilité de l'étalon, l'introduction de la fiducie devient indispensable.

Reste la troisième valeur, que Greimas cherche à homologuer pour que la sémiotique retrouve sa cohérence : «la valeur protensive investissant les objets» (1988a:IV). Elle institue «une équivalence formelle entre les "états de choses" et les "états d'âme"» en introduisant les concepts du sentir et de la médiation du corps (1991a:13). *Sémiotique des passions* situe la protensivité du côté du sujet, pour soutenir la scission de la masse phorique et l'installation de la fiducie. C'est en quelque sorte le «moteur» derrière le devenir, ce «vouloir» du sujet, qui légitime l'apparition de la valence. Avec toutefois la possibilité d'une intersubjectivité internalisée, quand le sujet tensif se dédouble en un «autre», ce qui n'exclut pas, comme avec le désespoir, une fracture interne du sujet (1991a:63,73).

Cette substance nommée valence ne fait qu'augmenter l'importance du sujet, aux dépens du texte. Ainsi on glisse d'une «mémoire textuelle», par l'anaphorisation, à une «mémoire du corps propre» (1991a:152). Et le repli réflexif de nature métadiscursive devient ainsi un repli réflexif d'un sujet, qui se projette par un simulacre passionnel comme un «paraître» de l'être du sujet (1991a:117,171). Pour que le sujet puisse prendre conscience d'une méconnaissance de la valence ou d'une rivalité de l'autre : les deux provoquent la rupture de la fiducie (1991a:121,257).

Nous sommes loin de la valeur de Hjelmslev (1959:40; 106-107), qui, dans la tradition de Saussure, est le fait différentiel d'une forme systématique. Et loin de l'encadrement axiologique du schéma narratif ou d'une valeur modalisée pour un sujet (1983a:23,100). La valeur protensive est ce qui du côté du sujet institue un lien avec l'objet, en s'appuyant sur l'équilibre d'une valence substantielle.

# L'énergétique et le sens

Il faut bien quelque part positionner l'énergétique comme complice du sens. Ce qui n'est pas facile, parce que «la conception énergétique du monde» a du mal à trouver sa place dans «la conception mathématico-idéaliste» que Greimas sentait qu'on lui reprochait (1987e:211). Donc comment la positionner? Trop souvent, l'aspect dynamique des forces dans les sciences humaines est un «mot-écran», qui ne fait que «cacher notre ignorance!» (1966a:191). Jadis, les sciences naturelles ne faisaient pas autrement avec les anges du ciel, qui tiraient les astres avant que les lois de l'attraction universelle ne les remplacent, ou «les bangs et les bings d'aujourd'hui qui permettent à l'univers de sortir du chaos» (1994a:383). Mais Greimas cherche, comme les sciences naturelles, une réponse scientifique à cette question sur la dynamique de la force : «comment faire bouger les états?» (1994b:209).

Cette interrogation a commencé dans *Sémantique structurale* avec la difficulté de préciser la nature de la relation entre le sujet et l'objet du modèle actantiel : la virtualité de l'axe de désir (1964:152; 1966a:176). En 1973, l'axe de désir est enrichi avec les valeurs de l'univers transcendant. L'immanence de la forme sémiotique se complète ainsi avec «l'outre sens», qui se dirige vers un ailleurs, dans l'avenir, et qui fournit au sujet un prétexte pour la quête d'une valeur (1985b:167). Et vingt-cinq ans plus tard, en 1991, cette réflexion se termine quand l'axe de désir se précise avec l'introduction de la protensivité et de la substance d'une valence. Mais l'extension de *Sémiotique des passions* par rapport à la méthode de *Sémantique structurale* suscite à juste titre des questions.

Quand Jacques Fontanille introduit les concepts de thymique et de phorique dans le 2ème tome du *Dictionnaire raisonné*, Sorin Alexandrescu remarque que l'usage du terme thymique n'est pas extrêmement opératoire (1986c:238). Il doute du rendement exceptionnel au niveau épistémologique. Donc Alexandrescu propose de continuer avec la modalisation de l'être pour décrire des modes axiologiques, conforme à l'exigence du minimum épistémologique. Il ne faut pas que l'ouverture contredise la cohérence. Dans le débat avec Greimas en 1989, Ricœur se demande pourquoi Greimas se met avec les passions dans des «difficultés excessives, peut-être inutiles» : «Pourquoi ne pas continuer dans la même ligne que dans la théorie des actants, pourquoi ne pas faire en quelque sorte une sémiotique des patients qui procéderait d'un même désinvestissement des figurations» (1994b:207) ?

Alexandrescu et Ricœur proposent de continuer l'approche de *Maupassant* qui se limite à la forme sémiotique. La phorie dans *Maupassant* exprime une indifférence de l'actant face au monde, qui se combine avec un contenu sémantique (1976b:53). L'«attitude *passionnée* du sujet» s'introduit dans *Maupassant* avec le concept de la tensivité : une problématique de l'aspectualisation (1976b:148). *Maupassant* ouvre ainsi deux nouveaux terrains de recherche.

Mais confronté aux «difficultés méthodologiques qui surgissent dans l'analyse discursive de surface», *Sémiotique des passions* introduit un nouveau niveau encore plus profond dans le parcours génératif où se situent la masse phorique et la masse thymique (1991a:15). Pourquoi creuser encore plus en profondeur pour fournir une ontologie à l'axiologie? Pourquoi ne pas adresser ses «dysfonctionnements narratifs» là où ils se produisent : à la surface du signifiant (1991a:17) ? Est-ce que la valence n'est pas un autre mot-écran, qui cache notre ignorance derrière une sorte de «cogito axiologique»? [29]

Il n'y a pas qu'une seule manière de positionner l'énergétique comme complice du sens au niveau épistémologique.


## L'énergétique et l'âme


Pourtant, l'enjeu anthropologique de Greimas est très clair. Comme Nietzsche et Freud, il a l'ambition de mettre la passion aux sources de l' «humain» et de la culture : «comme fondement de toute signification» (1991a:109-110). De la faculté intellectuelle de l'esprit, Greimas veut passer à la sensibilité de l'âme, cette «intériorité» qui jadis «donnera

---

29. Terme utilisé par Raymond Ruyer (1952) dans son livre *Néo-finalisme*, différenciant la nécessité de la liberté.

enfin naissance à la psychologie » (1957:262-263).[30] La sémiotique, forte
de son « anti-psychologisme », positionne ainsi le corps sentant au cœur
du sensible (1979a:302). Le sensible constitue l'âme de l'homme sentant
et c'est ce qui devrait fonder toute signification (1987a:22). Greimas cède
ainsi, pour reprendre la formule de Ricœur, à un trouble qui « s'est emparé
du discours mis à la merci du sentir » (1994b:205).

Ce trouble se retrouve partout dans l'œuvre de Greimas. Le corps des
passions se sent attiré ou répulsé : ce qui est « l'articulation sémiologique
de la personnalité humaine » dans *Sémantique structurale* (1966a:64).
C'est ce qui définit le style dans les discussions pendant les rencontres
entre Greimas et Barthes, en explorant l'articulation de la masse thymique
(1980b:5 ; 1998b:16). C'est ce qui fait que les bactéries ont une âme,
approuvée par Françoise Bastide, « devant la carlsberg des mercredis »
(1984c:15 ; 1987f:3 ; 2017b:39). Il s'agit de comprendre comment le
corps est affecté.

Dans la méthode, l'affectivité s'est vue d'abord intégrée par la dimension cognitive, pour ensuite être substituée par la fiducie (1983a:18). Et
c'est finalement par cette fiducie que le corps affecté pose la question
concernant « l'acte épistémique d'adhésion » : comment le sens adhère au
sujet (1993:382) ? *Sémiotique des passions* y répond par la protensivité, la
valence et la fiducie, afin de pouvoir inventer une nouvelle force adhésive.

L'âme pour le sémioticien, c'est de garder la cohérence de la théorie.
L'âme pour l'homme, c'est de s'exprimer sur les attractions et répulsions
du corps sentant. L'homme est-il compatible avec le sémioticien ? Difficile
d'ignorer le message de Nietzsche et de Freud. Mais faut-il répéter
leur geste, en introduisant deux nouvelles matières ? Le rendement
exceptionnel que celles-ci rapportent, semble produire une « plus-value »
qui nuit gravement à l'épistémologie de la forme sémiotique. Envisager un
autre choix au niveau épistémologique, comme Alexandrescu et Ricœur
proposent, n'empêche pas l'homme d'espérer, comme l'*Umwertung* de
Nietzsche, de nouvelles axiologies pour sortir de notre condition humaine
d'aujourd'hui, qui est perçue par Greimas comme une « crise de valeurs »
(1987b:1 ; 1986f:22 ; 1991e).

---

30. Merleau-Ponty (1945:62) écrit : « La célèbre analyse du morceau de cire saute
de qualités comme l'odeur, la couleur, et la saveur ».

Pour Greimas, le premier postulat de la sémiotique est que «le sujet, c'est-à-dire l'homme, ne peut être compris que dans la mesure où il est en relation avec les systèmes de valeurs» : «le propre même de la sémiotique comprise au sens très large», son enjeu anthropologique, c'est donc l'étude des axiologies (1986d:43). Mais quand la voie épistémologique de *Sémantique structurale* ne suffit plus à répondre à la question comment le sens adhère au sujet, Greimas se fait inspirer par la philosophie de Singevin pour s'imaginer une extension à sa méthode.

## Le cogito axiologique

En guise d'introduction au livre de Singevin, un livre qui lui a été dédié, Greimas décrit le lieu de rencontre entre la philosophie et la sémiotique. *L'être du sens* serait l'horizon ontique de la sémiotique et c'est au philosophe de se prononcer sur la raison d'*être de cet être*. Devant « l'écume de l'être» du sens et de l'être, la réflexion de son ami philosophe retrouve les hésitations du sémioticien : que faire de la tensivité et du thymique? Le sémioticien, lui, est seulement concerné par la forme sémiotique, qui n'est autre chose que *le sens du sens*. [31] Et l'enjeu anthropologique de la sémiotique est *le sens de l'être* : la quête du sens comme aventure axiologique (1988a).

Ces hésitations soulignent l'articulation entre l'ontologie et l'axiologie : l'être du sens et le sens de l'être. Le sens du sens suspend tout jugement, pour se conformer à une sorte de neutralité axiologique. Mais l'axiologie implique toujours un jugement sur l'être : qu'est-ce que cela vaut? Avec la valence, tout se passe comme si la tensivité et le thymique devraient légitimer ce jugement axiologique. «La valeur, écrit Jean-Paul Resweber (1992:3) dans son livre *La philosophie des valeurs*, est une figure

---

31. Quand Ricœur invite Greimas à positionner sa sémiotique comme un «expliquer», Greimas le rejette. Pour lui la sémiotique reste un comprendre et l'expliquer appartient aux physiciens, comme René Thom, qui s'occupe de l'être du sens (1994b:198,202). Mais l'herméneutique de Ricœur a justement redéfini la dialectique entre expliquer et comprendre, pour l'intégrer à l'intérieur des sciences de l'homme (1994b:196). Donc ce n'est pas la même notion d'«expliquer» qui résonne chez Greimas et Ricœur. L'expliquer de Ricœur est plutôt la forme sémiotique, le sens du sens, ce qui lui permet d'expliquer plus pour mieux comprendre.

du désirable » : en quoi l'être mérite l'estime ? Et dans ce sens, l'axiologie pose donc, selon Resweber (1992:83) toujours une question par rapport à l'ontologie : il s'agit de la « question sur le pourquoi de l'être ». Le sujet de la modernité, « déçu devant l'être qui semble avoir perdu le lustre de sa valeur d'antan », cherche une réponse à cette question pour retrouver de véritables valeurs.

Greimas répond à cette question sur le « pourquoi de l'être » par « la raison de la raison d'être » de Singevin : le devoir-être de la cohérence de l'Un, surplombant la tensivité phorique, où les contraires coexistent dans une structure complexe. Greimas a introduit le terme complexe de Brøndal pour faciliter cette cohabitation des contraires, qui se manifeste dans les mythes, la poésie et la philosophie présocratique, et qui resurgit avec la modalité du croire (1966a:101 ; 1980a:11 ; 1983e:140). Quand *Sémiotique des passions* essaie de s'imaginer l'éclatement de l'Un, elle s'inspire de la philosophie de Singevin en introduisant le concept de la protensivité : « en situant la relation protensive, pour employer le mot de Husserl, par-dessus l'être, Singevin non seulement réconcilie le sujet avec l'objet, il transforme le monde des objets en un univers des valeurs, en une axiologie » (1988:XI).

Ce geste, attribué à Singevin, est répété dans *Sémiotique des passions* : l'éclatement de l'Un par un sujet protensif, qui est entouré par la force cohésive de la fiducie (1991a:23). La sémiotique, qui ne veut pas être une ontologie, se transforme ainsi en une discipline axiologique. La valeur d'un objet se déplace vers le sujet : la valeur protensive du sujet devient l'origine de la valence et à partir d'elle se déroule le spectacle de la naissance d'une vie intérieure du sujet. Le titre du livre de Singevin (1988), préfacé par Greimas, ne peut être plus précis : il s'agit d'une « *Dramaturgie de l'esprit* ».

Cette étape achève un trajet qui a débuté avec la formation de l'esprit scientifique par la transposition du sens en tant que forme sémiotique : la recherche de méthode dans *Sémantique structurale*. Ensuite la théorie a inventé un édifice syntaxique pour nous présenter un spectacle narratif, « manifestation de l'esprit humain », par lequel « l'homme est présent au monde » (1970c:6-7). Et finalement, elle se transforme en axiologie pour nous fournir la mise en scène de la vie intérieure de l'esprit humain.

Dans ce trajet, Greimas donne de plus en plus d'importance à la valeur, au détriment de la forme sémiotique. L'esprit représente pour Greimas « la *respiration sacrée* » d'une culture qui est incarnée par la figurativité et il ne faut pas l'aplatir par une désémantisation (1987j:35,38). Par ce déplacement d'une sémiotique vers une axiologie, l'enjeu anthropologique au niveau de la valeur prend le dessus et pour le situer il faut revenir à l'axe du désir humain de *Sémantique structurale*.

## Le trouble de la peur

Greimas utilise plusieurs dénominations différentes : « distorsions » dans *Sémantique structurale*, les « choses curieuses » de *Maupassant*, les « anomalies » dans le *Dictionnaire raisonné*, les « dysfonctionnements » dans *Sémiotique des passions* ou les « fractures » *De l'imperfection* (1966a:116; 1979a:227; 1979b:126; 1987a:28; 1991a:98) Mais elles expriment toutes sa préoccupation à chercher ce qui trouble le discours. Faire avancer le savoir ne se fait pas avec les explications générales d'un caractère universel. Il lui faut la richesse d'une analyse concrète et précise pour se heurter à ce qu'il y a de « résistants et têtus » dans les faits sémantiques (1976d:26; 1983b:277). Ce qui donc ne s'intègre pas dans un modèle universel.

Quand les premières esquisses du schéma narratif s'imposent, avec les épreuves de Propp, Greimas choisit d'analyser plusieurs variantes d'un même récit qui n'entrent pas dans ce modèle universel : un héros sans peur (1967c; 1970a:231-247). Il ne s'agit pas d'une histoire où l'ordre existant est perturbé avant d'être rétabli par un héros. Le héros essaie plutôt d'instaurer un nouvel ordre par la quête d'un Destinateur (1970a:234). Donc il n'agit pas de ce résidu diachronique de *Sémantique structurale*, qui transforme un contenu idéologique par une épreuve. Le héros sans peur ne peut qu'étaler son pouvoir dans un espace mythique (1970a:237). Et finalement, ce héros sans peur ne semble pas être concerné par la frontière entre vie et mort. Dans un lieu mythologique entre les vivants et les morts, le héros s'affronte aux êtres qui s'y trouvent : les âmes mortes, dotées d'une présence physique (*vélés*), les « diables » (*velniai*) et leur maître souterrain, *Velnias* (1970a:238-239; 1985:109).[32]

---

32. Le rapprochement de Jakobson entre *Velnius* et *Varuna*, par leur équivalence

Au début, un contrat s'établit quand le père (profane) confie son fils au prêtre (sacré) : l'apprentissage pour combler le manque de héros (1970a:249-250). Mais ensuite, le héros sort de cet encadrement axiologique, faute de rencontrer la peur. Donc, *hors cadre*, le héros s'exclut de la société pour entrer, seul, dans un autre ordre nouveau, tout en gardant son statut de héros. Tout se passe comme si la quête de la peur fait obstacle à sa mission d'être un héros : c'est même le paradoxe du récit, selon Greimas (1970a:235).

L'histoire raconte une épreuve, simulée par une jeune fille vêtue de blanc, pour effrayer le héros (1967c:223). La crainte de l'autre (divin) doit provoquer la peur. Donc est-ce que ce héros sans peur ne fait pas plutôt preuve d'une indifférence totale envers l'autre ? Peu importe si l'autre est vivant ou mort : il n'y a que la peur, nous dit Greimas, qui peut faire cette différence. Donc la mission du héros sans peur, hors cadre, c'est une quête qui insiste à rester indifférent à cette différence. Sans peur, le héros ne peut que nous montrer son pouvoir héroïque. Par conséquent, ses actes et ses gestes sont devenus gratuits : sans peur, ceux-ci manquent de finalité (1970a:237,238,243).

L'axe de désir entre le sujet et l'objet rencontre ainsi son supplément : « l'homme agit peut-être aussi souvent par peur que par désir, par peur d'avoir peur que par méta-vouloir » (1990a:V). Greimas le répète dans le documentaire de Saulius Beržinis, quand il s'interroge comment devrait être le prêtre dans notre époque postmoderne (1991e). Confronté à une crise de valeurs, plus personne ne s'intéresse au sens de la vie. Et il n'a y a que la peur qui pousse à créer des valeurs : seul remède pour sortir de cette crise (1991e). La quête d'un Destinateur par le héros est la quête des valeurs d'un univers transcendant. Sans la peur, cette quête ne parviendra jamais à aboutir.

---

phonologique, a reçu un *non possumus* catégorique de Dumézil (1970a:245 ;1985a:53). Mais le rapprochement de Greimas entre les *vélés* et la déesse (*Vielona*), repris par Vladimir N. Toporov (1985:540), semble intéressant. D'abord, le héros tue la fille de l'épreuve simulée. Et dans six variantes de cette histoire, une séquence a été ajoutée : le héros ensommeillé prend peur quand une femme provoque l'effroi en lui versant de l'eau froide (1970a:236,246).

Greimas rejoint ainsi le paradoxe de William James, mis en place par Assoun (2002:20) : «l'homme moderne *devrait* ne pas avoir peur». La quête de ne pas avoir peur, fait entrer l'homme moderne dans «l'âge des phobies», où le sujet est envahi par la peur d'avoir peur «d'un objet pas réel». Cette même atmosphère est décrite par Greimas comme une peur omniprésente : «Il ne s'agit pas là de la peur de la mort, comme le dirait le moraliste, mais de la peur toute bête, cette "finalité sans fin"». Pour Greimas, cette «finalité sans fin» est le «point de départ pour une sémiotique de la phobie» (1990a:V).

En écrivant pour - et avec - le plaisir esthétique, Greimas reprend l'idée d'une «finalité sans fin» dans *De l'imperfection*. L'acte créateur de *l'art pour l'art* est une idée qui érige cette «finalité sans fin» en valeur suprême. L'idée s'érige en idéal pour affirmer «ses droits aux sentiments esthétiques». Depuis, «le domaine du beau ne cesse dès lors de s'étendre» (1987a:71). Le domaine de la peur ne se comporte pas autrement. En affirmant ses droits à ne plus avoir peur, la phobie ne cesse dès lors de s'étendre.

Greimas rejoint ainsi aussi *Sémiotique des passions*. Quand l'inquiétude, résultat de la scission de l'Un, est compensée par la force cohésive de la fiducie, la signifiance émerge d'un univers indifférencié (1991a:37-38). Mais faute de fiducie, comme avec le *Zuiderzee* d'Albert Camus, «la constitution du sujet passionné», dont le sujet inquiet est le prototype, se complique par de tels «atermoiements» : la signifiance n'émerge plus (1991a:29,215,270). Quand l'inquiétude fait obstacle à la valence et à toute orientation de la protensivité, l'homme, sans peur, se renferme dans une «finalité sans fin» (1991a:33).

Pour que l'homme, enfermé dans son univers du sens, puisse sortir de la crise de valeurs, il faut qu'il sorte de l'état de l'inquiétude, dans lequel le sens n'arrive plus à produire de la signifiance.

## Au seuil de l'insignifiance

L'insignifiance, cet état dépourvu de sens, est la situation contraire à un effet de sens. Elle nous rapproche de la notion de néant dans la philosophie de Singevin (1988:353): «Quand l'essence de l'être est affectivité», l'Un est la raison que le non-être est l'être qu'elle nie. Pour citer Greimas, Singevin (1988:315-316) cite dans son livre le héros sans peur qui pour lui est pareil à «ce chevalier solitaire, qu'on voit [...] errer dans un paysage aride». Pour l'inscrire dans la société, il faut passer par la symbolique d'une culture : seul le «ralliement à la loi» peut sortir le héros sans peur de son isolement sans finalité. Dans l'univers de Singevin, l'adhésion pour faire sortir l'homme d'une «finalité sans fin» passe par la loi.

Greimas nous décrit un autre «noble chevalier», Don Quichotte, qui entreprend ses «combats pour l'honneur», sans avoir peur d'être la risée des autres : «Puisque celui qui ne vit pas avec son siècle semble ridicule» (2017a:180). Ce combat est autre que le héros sans peur, parce qu'il y a bien une finalité. Mais, faute d'entrer dans le cadre de l'épistémé de l'époque, il prend le risque de subir des moqueries. Don Quichotte tient à un idéal qui n'a plus sa place dans le paysage aride de son époque. Pour Greimas, l'époque postmoderne représente un paysage avec des gens ne cherchant plus le sens, ni de la vie, ni de ce qui est «humain» (1991e). Ce qui va à l'encontre du projet sémiotique de Greimas, pour qui l'articulation du sens représente l' «humain» et le schéma narratif est une quête du sens aux valeurs de la vie.

Greimas a écrit son article sur Don Quichotte en 1943, pour illustrer l'absurdité de la résistance à l'époque en Lituanie. À quoi bon vouloir s'opposer aux Allemands, puisque l'alternative était l'occupation russe? Dans l'entretien en 1991 dans le journal *Le Monde*, Greimas évoque cette situation insoutenable. Sa sémiotique est la porte de sortie : «j'éprouvais très intensément le sentiment de l'absurde, du non-sens qui m'a poussé vers la quête du sens» (1991d). Dans un autre entretien, il le dit autrement : «la guerre, son absurdité, poussent à s'inquiéter du sens de toutes les ignominies qui se passent sous vos yeux» (1986f:22).

Face à l'absurde, l'homme ne peut que sauver l'honneur. Un héros honteux a besoin d'une valeur à défendre, sa *Dulcinée*, cette Grande

Dame, pour sortir de la situation absurde. Greimas, une fois que le sens a été sauvé par la méthode de la sémiotique, choisit d'ériger des axiologies. Et par le même mouvement, il se distancie de l'épistémé de son époque postmoderne : « Il faut arriver à se sortir de cette période d'insignifiance, c'est-à-dire d'aplatissement des valeurs » (1991d). Au risque d'être ridiculisé, en toute souveraineté.

L'homme se rapproche au seuil de l'insignifiance par l'absurde (1987d:372 ; 1991d). Greimas en décrit d'autres : l'ironie (1985c:362), la dérision (1994a:387), le *vouloir* chez Maupassant (1991a:102), l'inquiétude, cette remontée de l'insignifiance (1991a:33), ou l'usure, cette « quête forclose qui s'arrête au seuil de l'insignifiance » (1987a:88).

Greimas préfère se promener dans l'autre sens, vers un horizon qui dépasse le « seuil de l'insignifiance ». Surtout avec *De l'imperfection*, qui nous sert de tremplin pour l'homme pour se projeter « de l'insignifiance vers le sens » : (1987a:89,99). Il s'agit de resémantiser la vie, avec une finalité, pour « transformer l'agir en faire » (1987a:90). Ou de transpercer l'illusion d'un « aveuglement axiologique », pour éviter toute forme de nihilisme : « l'absence de toute valence » (1991a:121,133).

L'insignifiance n'est pas l'absence du sens, comme si la matière immatérielle pouvait s'absenter, mais plutôt un sens qui se contredit : il s'annihile soi-même, parce que la finalité finit « en queue de poisson » (1987a:84). Par exemple quand la postmodernité ne s'intéresse plus au sens. Ou parce que la finalité est sans fin, par exemple avec Lucky Luke, cet autre héros sans peur, qui à la fin de son histoire, se lance à nouveau à la quête d'un nouveau Destinateur.

Face à l'insignifiance, la sémiotique « s'est voulue, dans le monde en désarroi, une entreprise de sauvetage » (1985:166). Sauver l'honneur, c'est d'abord sauver le sens, ensuite la valeur et finalement l'homme. D'abord, l'invention de la méthode sauve le sens par un minimum épistémologique, nécessaire pour en parler scientifiquement en tant que forme sémiotique. Ensuite ce savoir sur le savoir pour l'homme, qu'est la signification, se dote d'une véritable vocation de vouloir inventer un nouvel humanisme de l'homme, « le manipulateur et la première victime » de la signification (1959:80 ; 1970b:26 ; 2004:51).

Au début, l'enjeu anthropologique de la sémiotique est de prêcher la lucidité à travers la forme sémiotique (1988a:IX). En apportant toujours plus de lumière, il y aura « toujours plus de conscience ». Et toutes ces prises de conscience ont comme objectif la responsabilisation de l'homme : les gens n'ont plus le droit d'agir « comme s'ils ne savaient pas » (1984a:127). « *Mehr Licht* », pour ne pas être dupe de son engagement idéologique (1986d:43).

Ensuite, l'enjeu anthropologique se déplace vers une tâche idéologique de valoriser la relation entre l'homme et le monde : il faut « renouveler » les valeurs (1986f:22). Au lieu de prêcher la lucidité à travers la forme sémiotique, il faut gagner des âmes, tel un prêtre de l'époque post-moderne, qui cherche à inventer et imposer des valeurs (1991e). Le déplacement de la sémiotique à l'axiologie vise le sujet : le devoir-être de la forme sémiotique devient le devoir-être de l'homme.


## La praxis énonciative

Un autre nouveau concept de *Sémiotique des passions* est la praxis énonciative, qui désigne l'utilisation de l'homme d'une superstructure sociale, comparable à la langue et son utilisation dans la parole. Mais le concept désigne aussi le « devenir » de cette superstructure sociale : comment cette permanence subit des changements dans le temps ? Ce concept mérite l'attention, parce qu'il unit des approches, qui jusqu'à ce moment-là étaient incompatibles. Mais aussi parce que ce concept se rapproche de la manifestation de la sémiosis : par le motif et par les lexèmes.

Dans un avant-propos à l'analyse du motif de la lettre de Joseph Courtés, Greimas souligne avec un jeu de lettres que les lexèmes et les « *motifèmes* » dépendent du même fonctionnement métalinguistique du discours : le motif est au discours, ce que le lexème est à la phrase (1979d:6). Le motif se situe, comme le lexème, au niveau le plus proche de la manifestation de la sémiosis, représentée par cette fée électricité, le mot, ou le discours.

Greimas décrit ces «motifèmes», auprès de la surface, comme des «corps étrangers», qui s'insèrent de «manière oblique, connotative, dans le déroulement linéaire du discours» (1979d:6). Dans un dictionnaire, on retrouve un même «corps étranger» sous la forme d'une citation : elle s'insère dans l'article d'un mot «comme occurrence et non comme classe». La citation est «une note de subjectivité dans la construction objectivante de l'article», dont la définition est «surtout tributaire de qui ne s'y retrouve pas» : sa manifestation (singulière) dans un discours (1991d:97,99). Dans les deux cas, le corps étranger est une sorte de hors-texte qui s'insère dans le texte d'un discours et il se fait remarquer par l'oblique, la connotative ou la subjective.

L'origine de ce corps étranger est l'intrusion de l'histoire dans la permanence. Parce que dans le temps, cette permanence varie sans cesse au niveau de la manifestation. Comment, Greimas s'interroge, les motifs, «de l'Inde jusqu'en Scandinavie» ont-ils pu changer de position et de rôle, «tout en restant les mêmes à travers leurs différences»? Courtés répond à cette question dans son analyse du motif de la lettre avec l'introduction de la «taxinomie connotative» (1984c:18-19). Mais Greimas se pose la même question, également en ce qui concerne la surface lexématique : «des nœuds, des abcès de fixation, engendrés par l'usage, c'est-à-dire par l'histoire incarnée dans des communautés ethnoculturelles, un plan lexématique du langage, produit d'un bricolage incessant, d'innovations métaphoriques, de locutions figées, de stéréotypes, de mots et de bons mots. Lieu superficiel [...] d'une praxis, d'un renouvellement continuel des possibilités structurantes de la "parole"» (1989:58).

De la vie des motifs à la vie des mots. Cette dernière expression est d'Arsène Darmesteter, qui, inspiré par les auteurs romains, veut étudier les mots dès leur naissance (néologisme) jusqu'à leur mort (désuétude), donc autant tous les changements du sens durant leur existence : «les sautillements continuels qu'effectue le mot dans le discours premier» (1991d:97). Ces changements de sens ont été étudiés jadis dans des analyses d'un style d'écrivain avec les figures de la rhétorique : les tropes. Darmesteter (1887:45-46) étend ses analyses du style individuel à la langue collective : l'esprit de l'auteur ou l'esprit du peuple, ces changements de sens ne font «qu'obéir aux mêmes lois» de ces figures rhétoriques dans l'usage des mots. L'étude de Greimas sur le vocabulaire vestimentaire en 1830 montre bien l'influence de Darmesteter en ce qui concerne l'usage des mots, « témoins de l'Histoire », et aussi de la vie sociale, afin de comprendre la « transformation des sens » (2000:8,131-143,296). Quand Greimas écrit en 1958 que la langue, « en tant que système symbolique, est ce lieu où se passe l'histoire », la praxis énonciative reprend en 1991 ce qui se passe à ce lieu (1958:112).

La praxis énonciative se rapproche de l'œuvre de Dumézil : il s'agit de la certitude d'une permanence dans un « monde fait de ressemblances et de différences », « alors que les contenus se déplacent, s'échangent et se mélangent » (1986g:3). Mais elle est aussi une extension de la méthode avec l'objectif de concilier l'approche générative et génétique : l'intégration entre l'histoire et la structure (1966c:20 ;1991a:12,88,103).

Au début, Greimas mettait l'approche génétique au second rang, jugé trop psychologique ou qui se « situe exclusivement sur le plan du signifiant » (1966a:191 ;1966b:822 ;1984a:122 ; 1984c:2). Il a choisi une approche générative, pour éviter l'intrusion de l'histoire dans ces permanences. Rastier (2017b:3) remarque que le carré sémiotique, l'instance *ab quo* du parcours génératif, à l'époque, « devait explicitement concurrencer le modèle génératif de Chomsky ». Noam Chomsky avait introduit la compétence linguistique d'un individu, ce qui pour Greimas faisait trop penser aux anciennes facultés de la psychologie. Donc, en s'inspirant de Jakobson, Greimas introduit l'idée générative de la combinaison des unités primitives pour se démarquer de toute psychologie. Cette solution est dans la tradition européenne d'un actant collectif comme instance d'énonciation : [33] « c'est la langue qui parle en nous, ce n'est pas nous qui parlons la langue. Il y a une sorte d'intériorité collective de l'esprit humain qui précède le sujet parlant » (1966a:9 ; 1974a:70 ; 1975a:22-23).[34]

*Sémiotique des passions* imagine cette « intériorité collective » avec des « dispositifs » qui deviennent des « dispositions », « grâce à leur aspectualisation » (1991a:77,90,271). Bref, en raison de ces dispositifs, il faut une instance qui gère et actualise toutes les combinaisons potentielles :

---

33. L'analyse du discours juridique a introduit l'actant collectif pour représenter la personne morale de la société commerciale (1971b:18).

34. À compléter avec le discours de Lacan (2007:48), qui se demande pourquoi il faut inventer la compétence, alors qu'il y a déjà la langue.

la praxis énonciative. Et cette instance est responsable de la création des taxinomies connotatives, qui recueillent des «primitifs», produits par l'usage et à convoquer par l'énonciation (1991a:11,89).

Mais comment insérer un corps étranger d'une «âme singulière» dans ce dispositif collectif (1957:264)? Parce qu'il faut aussi rendre compte du concept d'originalité ou de ce corps étranger, qui fait que le sociolecte s'innove dans une dialectique avec l'idiolecte? Le lieu de praxis de toutes ces combinaisons virtuelles, qui ont le potentiel d'être réalisées par l'instance de l'énonciation, est aussi le lieu des grilles du lecteur, «qui se présentent soit déjà intégrées comme primitifs, soit en cours d'intégration» (1991a:12). Ce sont ces grilles du lecteur qui produisent l'intrusion de l'histoire dans la permanence : ce sont elles qui injectent quelque chose d'oblique dans le discours par lequel les choses commencent à bouger.

La praxis énonciative représente la dialectique entre une approche générative et génétique et la dialectique entre une grille idiolectale et une grille sociolectale (1991a:271).

# 4. EN DEHORS DE LA MÉTHODE

De toutes les disciplines qui ont su inspirer Greimas, positives ou négatives, la psychanalyse prend une place à part. Intrigué par son objet, Greimas ne peut pourtant pas suivre la «méthode psychanalytique». Par sa propre méthode, Greimas pense pouvoir faire mieux. Mais en raison de la différence de méthode, l'objet psychanalytique lui échappe. Il s'agit d'illustrer cette logique entre la sémiotique et la psychanalyse dans l'œuvre de Greimas. Quelques exemples permettent ensuite d'éclairer la frontière entre ce à quoi la méthode est capable et ce qui n'entre pas dans la méthode :

l'objet de la psychanalyse.

# L'appropriation de la psychanalyse

Dans *Sémantique structurale* Greimas souligne surtout le manque de rigueur scientifique de la psychanalyse. Mais en même temps, il lui est impossible de ne pas en parler. Malgré le défaut de sa méthode, la psychanalyse intrigue par les concepts qu'elle pose. Donc Greimas s'aventure, à plusieurs reprises, dans la psychanalyse, en proposant ses propres instruments, plus scientifiques, dont le but est de s'approprier la problématique psychanalytique.

Ce qui l'intrigue, c'est la différence faite par Freud entre le latent et le manifeste : deux niveaux distanciés par le travail camouflant et déformant de l'élaboration secondaire du rêve (1966a:98 ; 1969a:135). Mais cette opposition n'est pas valable pour Greimas. Il préfère utiliser les concepts de (méta-)texte, « moins compromettants », comme s'il agit d'une opposition entre deux isotopies. Et la distance entre ces deux isotopies, causée par la déformation camouflante, n'est autre chose que la distance entre deux modes d'existence de l'objet sémiotique : l'être et le paraître de la véridiction.

Après avoir développé son modèle actantiel, Greimas se permet une intrusion dans le « domaine quelque peu sacralisé » de la psychanalyse (1966a:187). Le modèle actantiel semble, « bien malgré nous », s'inspirer d'elle : l'axe du désir « ressemble étrangement à la libido freudienne » (1964a:151). Après l'analyse du psychocritique de Charles Mauron, cette ressemblance se confirme, mais il y a une différence de méthode : la syntaxe de Greimas sépare la fonction et l'actant, alors que Mauron les mélange. Donc il vaut mieux que le modèle actantiel de Greimas contribue à l'élaboration de la métapsychologie, qui a été « une des grandes ambitions de Freud » (1964a:152). Plus tard, le refus persistant de la psychanalyse à élaborer cette métapsychologie, pousse Greimas même à entreprendre « l'examen systématique des théories de la passion » (1983a:15).

Après avoir présenté son modèle transformationnel, Greimas s'appuie sur les psychodrames de Mustapha Safouan, pour avouer sa perplexité : le modèle transformationnel semble « pourtant ne gêner en rien la psychanalyse ». La transformation du psychodrame est du même ordre : substituer du « savoir » au « non-savoir » (1966a:221). Plus tard, Greimas revient sur son analyse du psychodrame, un peu déçu qu'elle n'ait pas eu de suite sérieuse. Parce que la sémiotique, «dans ses ultimes conséquences, pouvait être considérée comme une thérapeutique du social» (1987c:327).

Tout commence avec le constat que la sémiotique «est constamment amenée à empiéter» sur le terrain de la psychanalyse (1979a:302). Ensuite, tout se passe comme si la sémiotique est apte à s'approprier le terrain de la psychanalyse et qu'elle a même de meilleurs outils pour le cultiver. La sémiotique «n'a pas besoin de métaphysique que présuppose la psychanalyse pour décrire les phénomènes psychiques de la vie intérieure». Greimas a forgé une meilleure méthode : la grammaire narrative est «un instrument de la compréhension de la vie sociale, des acteurs sociaux et de leurs interrelations, mais aussi un mode d'approche et d'interprétation de la vie intérieure d'un individu» (1981a:187).

## L'inadmissible de la psychanalyse

La sémiotique et la psychanalyse ont toutes les deux leurs «certitudes épistémologiques et méthodologiques», ce qui rend impossible de concevoir «une collaboration durable» (1979a:302). En somme, c'est plutôt une bonne chose, parce que, au lieu d'une «fausse interdisciplinarité», chacun campe sur ses positions (1979a:302). Mais Greimas a quand même essayé de rapprocher les deux disciplines.

Dans les années quatre-vingt, Greimas a organisé avec Daniel Widlöcher un séminaire à la Salpêtrière, pour que la sémiotique et la psychanalyse se rencontrent : «en comparant nos méthodes et en cherchant à les homologuer» (1987f:10).[35] L'intérêt de la psychanalyse pour la sémiotique plaît manifestement à Greimas. Comme la thèse d'un des participants au séminaire, Thierry Bösiger (1989), qui est le «premier psychanalyste qui connaît la sémiotique au bout des doigts ce qui pour moi est une réussite» (2017d:87). Dans son entretien avec Berke Vardar, Greimas cite aussi les travaux de Jean-Claude Coquet,

---

35. Il y a des doutes sur la date exacte de ce séminaire, intitulé «*séméiologie psychiatrique et sémiotique*». Dans son entretien avec Vardar, le 26 février 1986, Greimas dit «en ce moment», mais il y a aussi la référence à la période de 1980 à 1984 dans le périodique *Topicos del Seminario* 11, publié en 2004.

qui a inauguré une « sémiotique du sujet » autour des modalités (1987f:10). Et il cite « le projet de Jean Petitot de réinterpréter sémiotiquement la "métaphysique" de Freud » en utilisant la notion de prégnance de René Thom, traçable dans le 2ème tome du *Dictionnaire raisonné*.[36]

Greimas ne décrit nulle part la « métaphysique » dont la psychanalyse est coupable. Mais il est clair que Greimas éprouve des difficultés à utiliser la terminologie de la psychanalyse. Il est gêné par la « spécificité irréductible » du langage psychanalytique, expression utilisée à propos de *Les mots du psychanalyste* de Jean-Bertrand Pontalis (1967b:39). Sans s'attaquer à l' « être » même de la psychanalyse, *Sémantique structurale* la met à l'écart :

> « Outre qu'elle cède à la tentation constante, et "inconsciente", de prendre des métaphores pour des réalités, la psychanalyse se ferme ainsi la voie qui doit la mener à la construction d'un métalangage méthodologique univoque et cohérent, en formulant ses découvertes, qui sont certaines, dans un langage poétique et ambigu, et qui peut souvent aller jusqu'à l'hypostase même de l'ambiguïté » (1966a:189,191).

À la recherche d'une méthode pour les sciences sociales, l'épistémologie freudienne est tout sauf un exemple. La psychanalyse est « une certitude rassurante ou terrifiante », mais par sa terminologie, comme souvent avec des « clubs », elle est dupe d'une « désémantisation progressive d'un champ de savoir » (1976a:55).

---

36. Parmi d'autres tentatives, seulement les noms cités dans l'entretien entre Greimas et Vardar sont repris ici. Ajoutons l'article non publié de Claude Zilberberg (1987) : *Sémiotique et Freudisme*, qui, à l'époque, part du principe que les deux disciplines ont en commun un même objet : le sens, et une approche comparable : le sens est l'aboutissement des processus différenciés. Le rapprochement semble être inspiré du livre de Daniel Widlöcher (1986:13) : *La métapsychologie du sens*, qui trouve nécessaire de donner un nouveau souffle à la métapsychologie freudienne par l'analyse sémantique de l'acte psychique. Que veut faire l'inconscient : « le sens de ses actes » ?

# L'imprenable de la psychanalyse

Dans sa tentative de vouloir prendre la place de la psychanalyse, Greimas ignore que, à part de la différence de la méthode, aussi l'objet de l'étude est différent. La psychanalyse est un *Spezialwissenschaft* des processus inconscients et son objet de savoir résiste à être intégré par une autre méthode. N'importe quelle réinterprétation sémiotique de la psychanalyse serait peu fructueuse, parce que ce savoir sur le savoir pour l'homme qu'est la signification, n'est pas un savoir sur des processus inconscients.

Le devoir méthodologique que Greimas impose à la psychanalyse ne convient pas à la psychanalyse, qui justement a fait plier «la méthode psychanalytique» aux caprices des processus inconscients. Et reprendre l'objet de la psychanalyse avec une meilleure terminologie ne peut se faire qu'en perdant l'essentiel de cet objet.

Reprenons les exemples ci-dessus. En choisissant des termes moins compromettants pour latent et manifeste, c'est bien la censure qui disparaît, responsable du camouflage déformant du travail de rêve : du symbole au symptôme. Freud écrit sur le malaise social, mais le pouvoir thérapeutique de la psychanalyse concerne le sujet et ce dispositif thérapeutique implique plus qu'un simple transfert d'un savoir. Freud définit l'axe de désir avec la relation entre le moi et l'objet de la libido, pour le redéfinir ensuite avec une libido narcissique. Et réduire la topologie freudienne à des sujets syntaxiques du modèle actantiel, c'est ignorer toute relation avec l'affect au plan économique et dynamique. D'ailleurs, comment y situer la protensivité de *Sémiotique des passions*, cette «visée» du côté d'un sujet, autre que par le désir de la psychanalyse, dont la finalité est court-circuitée par les processus inconscients ?

Du côté de Lacan, la perte de l'objet psychanalytique est encore plus concrète. Greimas exclut le signifiant de la signification pour se contenter du plan du contenu, alors que pour Lacan, l'arbitraire du signe montre justement le pouvoir du signifiant. Dans un article de 1956, Lacan insiste sur la lettre, aux dépens du sémantème : «seules les corrélations du signifiant au signifiant y donnent l'étalon de toute recherche de significa-tion». Donc il faut suivre l'insistance de la chaîne signifiante, parce que «c'est dans la chaîne du signifiant que le sens insiste» (Lacan, 1966:502). Greimas aspire à une méthode axiomatique, dont la construction conceptuelle sert de métalangage pour représenter l'objet à décrire. Un métalangage est ce langage, nous dit Michel Arrivé (1986:13), «qui se donne pour signifié un autre langage». Donc, Lacan, avec sa chaîne du signifiant, lance sa formule : «il n'y a pas de métalangage». Lacan et Greimas prennent des directions opposées et la sémiotique ne réussit jamais à s'approprier l'objet de la psychanalyse.

La profondeur de la psychanalyse de Freud ne va pas plus loin que le ressort pulsionnel des processus inconscients, pour nous montrer la faille avec l'insensé du symptôme (Assoun: 1989:734). Lacan fait surgir la bande de Moebius pour poser la problématique du moi en termes de pure (projection d'une) surface. Alors que Greimas présente la science en général comme une victoire de l'immanence sur la manifestation : «transpercer le paraître du sens commun pour atteindre son être-vrai» (1983e:131). Face au «lieu commun» dans le texte de Maupassant, Greimas se pointe vers un «sens profond» (1976a:126). Et son univers sémantique est «une immense parabole dont la lecture doit dégager progressivement des couches de signification de plus en plus profondes» (1976b:126 ; 1985:168). Mais l'objet de la psychanalyse est autre : elle s'occupe de la surface plutôt que de la profondeur.

Une fois la distinction établie entre la psychanalyse et la sémiotique, il s'agit de reprendre quelques passages de l'œuvre de Greimas où les deux disciplines convergent autour d'une même problématique pour illustrer comment elles divergent ensuite dans des directions opposées.


## Le fonctionnement inconscient du discours

Dans le premier exemple Greimas présente le fonctionnement métalinguistique comme un «fonctionnement inconscient» : face à l'organisation voulue d'isotopies complexes, le discours est à concevoir comme «des jeux de conscience, chargés de nous procurer le plaisir esthétique par le dévoilement des isotopies cachées» (1966a:98).

Dans le contexte de l'esthétique, on retrouve ici à nouveau l'être, caché par un paraître, qui se dévoile. Dans son livre *De l'imperfection*, Greimas nous raconte la mise en scène d'un secret précieux, comme dans un jeu de cache-cache (2017b:89). Ce jeu évoque la conscience, parce que c'est bien le sujet et non l'immanence d'un discours qui prend plaisir au fonctionnement métalinguistique. Il fait fonctionner surtout la conscience. Par moments, même à son insu.

L'usage métaphorique de Greimas évite toute idée d'un inconscient d'un texte : le fonctionnement implique une activité des processus. Greimas situe cette activité dans le pouvoir «élastique» d'un discours : la condensation et l'expansion (ou le déplacement) d'un sens équivalent dans un discours. Et grâce à un nouvel édifice syntaxique, Greimas est capable de saisir ce fonctionnement métalinguistique. Mais ce «fond d'équivalence sémantique» le rapproche des vieilles figures de la rhétorique, comme la métaphore et la métonymie (1979a:229). Les mêmes figures rhétoriques que Lacan (1966:506) introduit pour expliquer la condensation et le déplacement de l'affect autour du signifiant : «toute conjonction de deux signifiants serait équivalente pour constituer une métaphore». Greimas et Lacan s'inspirent de la rhétorique pour montrer un fonctionnement autour de deux objets différents : l'équivalence métalinguistique du sens *versus* la chaîne signifiante de l'affect, et ce fonctionnement est de nature différente: la systématicité *versus* l'arbitraire.

La rhétorique de l'inconscient s'applique aussi à *L'interprétation du rêve* de Freud, un livre, dont le titre est cité en allemand dans le *Dictionnaire raisonné* : «un travail remarquable d'analyse sémiotique avant la lettre» (1979a:302). Mais Greimas cherche l'objectivité du texte, alors que le *Traumarbeit* implique «une variable individuelle» pour décoder le discours onirique : «On voit ici une des raisons principales qui nous empêchent de suivre Freud» (1966a:99). Freud explique le travail singulier de la déformation, par des processus inconscients, qui se produit dans un rêve par la condensation et le déplacement. Greimas cherche dans *Sémantique structurale* une «interprétation» du texte qui exclut la singularité du sujet. Il lui faut une interprétation objective en transposant le sens avec un minimum épistémologique. En reprenant une formule de Ricœur (1970:157) : Greimas voudrait comme si le texte interprète en tant qu'il signifie.

Grâce à son édifice syntaxique, le fonctionnement métalinguistique montre le pouvoir d'un discours qui «tourne perpétuellement sur lui-même» au plan du contenu. La rhétorique de l'inconscient nous montre un sujet, qui, dans sa parole, tourne autour du pouvoir des signifiants, ces astres de la psychanalyse (1966a:75). Mais derrière ce rapprochement, les deux disciplines ont peu des choses en commun. En raison de l'objet : la matière immatérielle (pulsion *versus* sens) qui produise de l'humain (désir *versus* valeur). Et en raison de leur méthode, dont la pensée se cherche à partir d'une épistémologie radicalement opposée. Alors que la psychanalyse accueille les figures rhétoriques, Greimas essaie de remplacer la rhétorique, cette «théorie du discours préscientifique», par des définitions sémiotiques rigoureuses de sa propre théorie (1979a:16,317).

Greimas préfère ne pas utiliser la terminologie rhétorique : «il joue plutôt un rôle néfaste» (1982a:13). Donc il redéfinit la problématique de la métaphore en termes d'équivalence sémantique ou par le terme paraphrase et il substitue le mot hypotaxique au terme métonymie de Jakobson (1975a:14 ; 1982a:6). Le fonctionnement métalinguistique permet d'identifier le code paradigmatique (l'identité partielle) qui établit ensuite l'identité syntagmatique (l'isotopie) : «cette récurrence isotopique assure la cohérence du discours en ce qui concerne le message» (1973:9). Greimas redéfinit ainsi la métaphore comme le passage d'une isotopie à un autre : au niveau figuratif ou un niveau abstrait à un niveau figuratif (1973:12). La métaphore devient chez Greimas une récurrence syntagmatique d'un «*tertium comparationis*», qui assure la consistance du discours. Alors que pour Lacan, les figures rhétoriques aident à saisir l'inconsistance du symptôme du sujet.


## La rhétorique de Jakobson

Lacan et Greimas sont redevables au geste jakobsonien, qui lie la rhétorique et la linguistique par les concepts du paradigme et du syntagme. Lacan (1957) lui rend hommage dans un article qui introduit la métonymie et la métaphore. Greimas lui rend également hommage en 1966, à l'occasion de son soixante-dixième anniversaire, quand il illustre l'élasticité de l'écriture cruciverbiste, qu'il oppose à l'écriture poétique.

Greimas conclut que l'organisation syntaxique du contenu sémantique d'un discours déséquilibre le contenu. Le contenu est soumis à la manifestation, ce qui impose une déformation « désaxée, distordue » et les relations d'équivalence sémantiques, « paradigmatiques dans leur nature », en tirent profit (1967a:813) :

> « L'intuition de Jakobson à propos de la projection du paradigmatique sur le syntagmatique qui a été proposée pour l'interprétation du langage poétique, possède probablement une portée plus générale : elle pourrait rendre compte du clivage existant entre les structures syntaxiques et les structures sémantiques du discours ».

Ce clivage nous met au cœur de la sémiotique de Greimas. Une fois la structure élémentaire en place dans *Sémantique structurale*, il faut inventer une syntaxe pour saisir la signification d'un discours. Greimas la développe dans le rapport entre structures systématiques et morphématiques : « L'activité métalinguistique, systématique dans ses démarches, aboutit, par conséquent, à la création d'objets, qui sont, en définitive, des structures morphématiques » (1966a:118). Et la projection de la systématique sur le morphématique, comme avec la structure des actants, se retrouve ainsi à la base de la syntagmatique de Greimas (1966a:106). Greimas élargit le principe de projection des équivalences de la poésie à l'organisation d'un discours.

Mais, sans signifiant, Greimas prend aussi ses distances avec la poésie. Parce que Greimas redéfinit la métaphore par l'activité métalinguistique : une substitution, soutenue par une équivalence paradigmatique au plan du contenu, crée du sens à cause des différences paradigmatiques qui entourent l'équivalence (1979a:227). Mais une fois redéfinie, la fonction poétique de Jakobson devient contraire à cette définition de la métaphore : la fonction poétique n'exploite pas des différences, mais elle exploite des « paradigmes des ressemblances » du son de signifiant. Donc au lieu de créer du sens, elle vise plutôt « l'abolition du sens » (1979a:227). Greimas s'inspire de la fonction poétique de Jakobson, mais finalement cette fonction poétique se rapproche du « semblant de sens » de *Sémantique structurale* : ce sens négatif provoqué par le changement d'un signifiant, qui n'est pas pertinent pour la méthode recherchée par Greimas (1966a:31).

Si le discours poétique ne parvient jamais à abolir du sens, c'est grâce à l'axe syntagmatique du discours (1979a:227). En 1963, dans son article *La description de la signification*, l'axe syntagmatique a été encore une intrusion « troublante » sur la paradigmatique de Lévi-Strauss. (1963a:64). Mais *Sémantique structurale* propose la réponse à ce trouble avec le concept de l'isotopie et sa relecture de Propp, qui fournit une cohérence syntagmatique au plan du contenu. L'autre trouble évoqué par cet article est la « juxtaposition d'identités », auquel *Sémantique structurale* répond avec le concept d'équivalence, ce qui ouvre la voie vers une « dignité métalinguistique » de la méthode (1963a:55 ; Metz, 1977b:196). Par ces deux innovations de *Sémantique structurale*, Greimas est capable de trouver sa méthode sémiotique pour décrire l'organisation du discours par la signification. En s'inspirant de Jakobson, il prend ainsi un tout autre chemin que la psychanalyse de Lacan.

Une fois changé de rive, de la sémiotique à la psychanalyse, comme l'a fait Metz (1977b:352) dans son essai sur le référent imaginaire, on change de paysage. L'homme est toujours à la recherche de la face signifiée : c'est l'être caché qui échappe au registre du manifeste, cette surface du paraître. Mais avant d'être sens, il faut le signifiant. Et après avoir été sens, il y a le besoin de le fixer avec des signifiants. Le signifiant est le point d'aval et d'amont d'un signifié et ainsi la seule « matière » de la psychanalyse pour montrer les processus inconscients d'un sujet. Les figures rhétoriques de la psychanalyse travaillent le signifiant. Par exemple la métaphore est un jaillissement entre deux signifiants : « L'étincelle créatrice de la métaphore [...] jaillit entre deux signifiants dont l'un s'est substitué à l'autre en prenant sa place dans la chaîne signifiante » (Lacan, 1966:506-507).

Greimas rejoint la description de Metz dans une remarque à propos de la « rupture » dans le livre *De l'imperfection* : « le sens c'est l'arrêt, c'est l'arrêt final ou l'arrêt original » (1988b:11). Mais dans ce cas, c'est le sens qui s'arrête : Greimas ne se réfère pas au signifiant. Partout ailleurs, Greimas présente le sens non pas comme un arrêt, mais comme un parcours de « transformation du sens » : une transposition sans signifiant (1970a:15).

## L'oblique du discours

Un autre exemple est comment les deux disciplines se positionnent face au discours oblique. Greimas présente le discours comme un « paraître mensonger », à décrire, démythifier ou démystifier (1980a:7). Lacan (2007) présente un discours qui ne serait pas du semblant.

Greimas introduit dans *Sémantique structurale* la définition oblique : c'est ce qui résiste à établir des équivalences dans le discours. Dans un discours poétique ou onirique, l'équivalence métalinguistique est souvent enfreinte par un sens qui prend une direction oblique (1966a:90). Ce qui fait que le discours manque d'éléments pour postuler un invariant et la description se heurte à la grille de lecteur qui doit combler ce manque de cohérence syntagmatique : un « univers sémantique emmagasine » qui est présupposé antérieur à la description (1966a:88-89). En faisant appel à une grille du côté du lecteur, l'oblique « remet en question la possibilité même de l'analyse sémantique objective » (1966a:90). Et c'est à ce moment que Greimas utilise de nouveau les mots croisés et les mots d'esprit pour nous montrer quel chemin il faut prendre pour sauver l'objectivité de la description.

Les mots croisés proposent au lecteur une grille au niveau du signifiant, qui indique visuellement les contraintes imposées aux mots à trouver. La grille facilite « la découverte progressive des graphèmes recouvrant la dénomination recherchée » et elle sert ainsi de l'encadrement à établir, malgré l'oblique, les équivalences pour trouver le mot juste (1966a:90).

Pour les mots d'esprit, Greimas reprend un exemple de Freud d'un voyage entre deux villes. L'expression de « six heures et demie » peut être lue comme une isotopie, presque littérale, d'un moment de départ et comme une isotopie, non littérale, d'une durée de voyage. Les évènements racontés dans ce mot d'esprit offrent une grille suffisante au lecteur pour comprendre les deux isotopies : les évènements sont « peut-être parfois imprévus, mais jamais gratuits » à cause de leur finalité (1966a:91). Même sans connaître le nom de la ville du mot d'esprit (*Preßburg*), l'évènementiel fournit la grille pour établir des équivalences et, malgré l'oblique, elle permet ainsi de définir des isotopies.

La grille est même la preuve d'une caractéristique plus générale du discours : un discours, en se prolongeant, à «tendance à se fermer sur lui-même», ce que Greimas appelle la clôture du discours (1966a:93). La définition oblique pousse Greimas à introduire une grille pour combler ce manque de cohérence syntagmatique, afin d'établir quand même des équivalences au plan du contenu.

En reprenant *L'instance de la lettre* dans son séminaire sur le semblant du discours, Lacan (2007:171) évoque une même sorte de grille quand il rappelle le nom propre de l'auteur du roman *Waverley*, pour ceux qui ne le connaissent pas. Dans *L'instance de la lettre*, c'est le déplacement du «sens» par la métaphore qui engendre un effet de sens. En ce qui concerne le semblant, Lacan veut illustrer que le nom propre ne se substitue pas à l'auteur de *Waverley*, sans créer un effet de sens. Parce qu'il leur manque d'équivalence sémantique : l'auteur véhicule un sens, qui lui semble propre, et le nom propre désigne une *Bedeutung*, qui elle, ne lui est pas propre.

La grille du lecteur injecte alors quelque chose d'autre dans le texte, *die Bedeutung*, et au lieu de prendre le texte à la lettre, le littéral s'ouvre ainsi vers un non littéral, comme avec le mot d'esprit. Pour la psycha-nalyse, la grille, apportée par le sujet, est donc plutôt une ouverture, du côté de *Bedeutung*, qu'une clôture, du côté de la forme sémiotique de la signification. Et par l'effet de sens de la chaîne signifiante, le renvoi d'une *Bedeutung* à une autre ne fait qu'amplifier cet effet oblique qui souligne la singularité du sujet.

Sous le prétexte d'utiliser un même terme, la signification, il semble peut-être qu'on «véhicule» le même sens, mais Lacan et Greimas désignent autre chose, en raison de leur façon autre de «penser».[37] L'oblique introduit une troisième direction qui s'ajoute à la verticalité de la forme sémiotique et à l'horizontalité d'une valeur quêtée. Mais Greimas bloque cette direction par la clôture d'une grille. Alors que Lacan utilise l'oblique pour créer une ouverture, à la surface, par le semblant. Les deux s'attaquent, à leur manière, au pouvoir oblique du discours.

---

37. Ce passage sur l'auteur de *Waverley* est dense parce que le discours de Lacan imbrique dans son discours sa lecture de Gottlob Frege, Bertrand Russel et Rudolf Carnap, qui utilisent ces mêmes termes dans leurs discours, sans que leurs pensées aillent toutes dans le même «sens».

# Die Bedeutung des Phallus

Die *Bedeutung des Phallus*, conférence de Lacan (1966:685-695) de 1958, nous rapproche de l'objet de la méthode de Greimas : la signification. Et ce point de convergence illustre le mieux la divergence entre les deux disciplines.

Dans *Sémantique structurale*, la métaphore phallique apparaît comme une classe ouverte, à quoi (presque) tout peut se réduire, et qui sert de preuve que «la signification est indifférente au signifiant utilisé». (1966a:59). Greimas saisit l'effet de sens avec la forme sémiotique, qui trouve ses limites aux deux extrémités, *ab quo* et *ad quem*, du parcours génératif : la jonction superficielle avec le signifiant (phallique) et l'invariant sous-jacent en profondeur avec une catégorie sémique en commun (1979a:227). La «métaphore phallique» est donc ce qui joue avec l'équivalence du «*tertium comparationis*» d'une catégorie sémique de la forme sémiotique au plan du contenu.

Pour Lacan (1966:688), *Die Bedeutung des Phallus* se concentre sur l'articulation de signifiant :

> «c'est la découverte de Freud qui donne à l'opposition du signi-
> fiant et du signifié la portée effective où il convient de l'entendre :
> à savoir que le signifiant a fonction active dans la détermination
> des effets où le signifiable apparaît comme subissant sa marque, en
> devenant par cette passion le signifié».

Le signifiable devient le signifié, en subissant les effets de sens du signifiant, qui sont d'ailleurs de l'ordre de la détermination et non de l'ordre de la compréhension. Le phallus, poursuit Lacan (1966:692), est «le signifiant privilégié» qui nous montre la caducité de présumer n'importe quelle totalité de l'homme. La fonction du phallus est de repré-senter ce qui frappe tout signifiable, une fois que les effets de sens se sont élevés à la fonction de signifiant : la latence, le démon de l'*Aïdos*, peu importe. Le phallus inaugure l'insignifiable du signifiable. Et par cette fonction «insignifiante», le phallus est «le plus saillant de ce qu'on peut attraper dans le réel de la copulation sexuelle». Donc l'expression *Die Bedeutung des Phallus* est un pléonasme : devant «l'impossibilité de symboliser le rapport sexuel », « il n'y a pas dans le langage d'autre *Bedeutung* que le phallus » (2007:148).

Dans *Sémantique structurale*, Greimas définit l'invariant phallique par le genre grammatical d'Hjelmslev (1959:157,215) qui le définit avec la dimension dynamique de la catégorie sémantique de la consistance : *expansion* versus *concentration*. Greimas remplace ce dernier terme avec la *condensation*, ce qui le rapproche du fonctionnement métalinguistique. Suivant cette définition, le couple *femelle* versus *mâle* n'est qu'une « manifestation particulière » de cette catégorie, à laquelle il faut ajouter encore le sème « animé » (1966a:61). La différence sexuelle retrouve ainsi sa consistance dans une catégorie du genre grammatical.

Pour la psychanalyse, le genre grammatical se heurte à l'inconsistance de ce qui est inhérent à la constitution d'une identité psychosexuelle. Il se fait par l'identification de deux côtés du genre et sans qu'il y ait de symétrie entre le « devenir masculin » et le « devenir féminin » (Assoun, 2013). Si l'on traduit dans la logique du carré sémiotique : le trajet de la contradiction de l'un n'arrive pas, par le chemin de la complémentarité, à l'endroit de l'autre. Tel un échangeur par lequel la route du « deuxième sexe » ne permet plus de croiser celle du premier, ni l'inverse. Les deux chemins de devenir ne sont pas comparables. Par conséquent, le terme complexe (ou le neutre de Barthes) du carré n'est plus une simple « coïncidence des contraires ».[38] *Die Bedeutung des Phallus* n'a donc pas sa place dans la structure élémentaire de la signification. Manque de l'Un, elle est autre que la forme sémiotique.

*Die Bedeutung* part dans tous les sens. Pas seulement le sens tracé par le carré sémiotique. Le carré sémiotique représente des « universaux », qui ont leurs particularités, mais qui font tous partie d'une totalité. Mais *die Bedeutung* s'appuie sur la singularité qui ne s'intègre pas à une totalité. C'est à nouveau le principe de l'individuation, d'après le Leibniz

---

38. La coexistence des contraires implique une coexistence de deux opérations de contradiction, parce que le sujet doit suivre les deux trajets du carré sémiotique pour retrouver son « identité ». Mais pour la psychanalyse, cette « identité » est par définition inconsistant : l'altérité brouille toute conjonction entre les deux termes, ce qui est représenté par un échangeur entre les deux trajets de la contradiction. Donc l'Un n'existe pas et leur coexistence n'est possible que dans le registre de (dé)négation ou le déni. Le terme complexe reçoit d'ailleurs la connotation d'ambigu et d'archaïque chez Brøndal.

de Greimas, qui surgit ici : *die Bedeutung* suit l'« existence singulière » du sujet (1979a:186). Et Greimas, au lieu d'affirmer cette « âme singulière », cherche à la réduire à un invariant permanent du caractère universel.

Malgré son extension, *Sémiotique des passions* continue à prendre ses distances avec la singularité. Tout commence avec l'existence de l'ombre de valeur de la sommation, qui apparaît comme « singulière » et « irréductiblement individuelle ». Mais cette singularité est ensuite soumise à l'opération de la contradiction pour se transformer en catégorie. Pour que la signification puisse advenir, il faut tuer la « pure singularité » par la contradiction. Et quand la catégorisation l'emporte, c'est donc aussi la totalité qui l'emporte, comme si l'insertion de l'individuel dans le collectif tue la singularité du sujet (1991a:40-42). Un mouvement qui est contraire à l'advenir du sujet en psychanalyse.

La méthode de Greimas détermine le devoir-être de la forme sémiotique et ce devoir-être de la matière exige que tout « phénomène observé s'y inscrive comme une de ses variables » d'une permanence invariante sous-jacente (1976b:263). Sinon on est piégé par la singularité, qui part dans tous les sens, sauf celui de la forme sémiotique. Pour y arriver, Greimas a dû se séparer du signifiant : la permanence de la forme sémiotique se situe au plan du contenu. Lacan prend un autre chemin avec un signifiant, qui n'est pas au service de la sémiosis, ni du signifié : au lieu de « véhiculer » du sens, le signifiant crée son propre effet de sens, toujours de nature singulière.

Donc, il lui est difficile de souscrire à la méthode de Greimas. Le « sens du sens » est pour Lacan l' « exigence qu'un texte ait un sens saisissable » et la forme sémiotique est ce qui nous interdit « toute articulation dont le sens n'est pas saisissable » (Lacan, 2007:59). Comme le rapport sexuel qui ne cesse de ne pas s'écrire. Ou comme le sens de la lettre, l'insistance de cette matérialité d'un système graphique au plan de l'expression, dont témoigne la fonction de l'écrit. Quand Lacan (1970:122) parle d'un « ravinement du signifié », il creuse en profondeur, une fois que quelque chose a su charmer à la surface du discours : le (/la rupture du) semblant. Le semblant dissout toute forme sémiotique.

Et quand Greimas décide de suivre Hjelmslev pour regarder «sous les signes», Lacan (1970:125-126) positionne cet empire de signes comme un «empire des semblants». Ignorer le signifiant pour creuser sous les «semblants de sens» que sont les signes, ne fait pas disparaître le semblant (1966a:31). Le semblant fait son retour par un nouveau pseudo-signifiant, suite au dédoublement d'une surface intermédiaire à l'intérieur du plan du contenu, comme le montre la figurativité ou la syntaxe anthropomorphe. Mais aussi par l'ambiguïté du symbole. La méthode de Greimas n'échappe pas au semblant de la surface de la manifestation.

## L'ambiguïté symbolique

Une fois acquise l'indépendance du plan du contenu, sans signifiant, *Sémantique structurale* se trouve devant le signifié symbolique de la poésie, du rêve et de l'inconscient. De l'opinion de Greimas, Lacan s'émerveille devant ces symboles et il l'explique comme un «ineffable» en hypostasiant l'ambiguïté des symboles. La sémantique structurale est autre : elle «cherche à décrire des valeurs et non à les postuler» (1966a:58).

Greimas se réfère à Lacan et non pas à Freud. Il n'est pas clair comment Greimas est arrivé à cette prise de position. Donc, il est difficile de le reprendre par la psychanalyse.[39] Il faut donc se contenter d'un autre contexte, celui de Ricœur (1989:69-70) qui a étudié la problématique du conflit des interprétations symboliques de la psychanalyse : «Dans un cas l'herméneutique vise à démythifier le symbolisme en démasquant les forces inavouées qui s'y dissimulent, dans l'autre l'herméneutique vise à une recollection du sens le plus riche, le plus élevé, le plus spirituel». Greimas avec le symbole se heurte au même conflit.

Greimas commence à démythifier le symbole. Afin de pouvoir confirmer l'autonomie du niveau sémiologique de la signification, responsable de «la génération des figures nucléaires du discours à partir

---

39. De plus, parce que cette prise de position ne semble pas suivre la pensée de la psychanalyse. Est-ce que le symptôme, en psychanalyse, n'empêche pas toute hypostase du symbole? Est-ce que Lacan, en déplaçant le symbolique vers le Nom-du-père, ne fait pas tout sauf l'expliquer avec un «ineffable»?

des systèmes sémiques », *Sémantique structurale* veut expliquer « le signifié symbolique » sans se référer à une réalité extralinguistique. Le lexématisme anthropocentrique n'est pas acceptable, parce qu'il fait preuve du contraire (1966a:56). La tentative de Gaston Bachelard est nettement meilleure, parce qu'elle montre que le symbole fonctionne de la même manière que n'importe quel lexème : la description se fait par des systèmes sémiques. Ce qui permet, comme la métaphore, d'articuler le symbole comme n'importe quel lexème (1979a:226). Les figures nucléaires du niveau sémiologique se précisent ainsi comme une sorte de percept pur : « la contribution du monde extérieur à la naissance du sens » (1966a:58,64). Et le niveau sémiologique constitue « une sorte de signifiant » pour le signifié symbolique : le signifié symbolique est un niveau anagogique, qui s'appuie sur le niveau sémiologique (1966a:60).

Grâce aux systèmes sémiques, le symbole n'est plus un mystère. Le phénomène du langage en tant que tel pourrait être mystérieux, mais « il n'y a pas de mystères dans le langage » (1966a:58). L'effet de sens d'un symbole est à décrire avec un même invariant que tous les autres ensembles signifiants.

Pourtant, dans la sémiotique, le symbole a la réputation de créer des problèmes. Le symbole motivé de la justice de Saussure ne répond pas à l'exigence de l'arbitraire : qu'est-ce qui motive le sens à s'attacher à un signifiant ou l'inverse? Le *Dictionnaire raisonné* reprend la définition de Hjelmslev, qui réduit le symbole à une sémiotique monoplane (1979a:373). Mais avant d'y arriver, Hjelmslev (1928:168,176,181,182) a dû se défaire d'abord de la motivation « peut-être entièrement subconsciente », les sémantèmes expressifs et les associations qui s'ajoutent à la relation entre signifié et signifiant, avant de placer la réalité psychologique dans quelque chose de collectif, plus objectif. Interpréter le symbole par une systématicité des sèmes, c'est pour Greimas aussi une manière d'éviter l'arbitraire. Pour Greimas, l'arbitraire est un aveu d'ignorance, qui n'explique en rien la saisie du sens, comme le concept d'*encyclopédie* d'Umberto Eco ou les « données d'expérience » d'un lecteur (1983e:138,145). Donc il cherche à interpréter le symbole par une systématicité immanente au langage, pour qu'il n'y ait plus de mystère. Alors que pour Lacan, l'arbitraire sert de moteur au pouvoir de la chaîne signifiante.

Puis il y a l'autre face du symbole de Ricœur (1989:70) : cette «recollection du sens le plus riche, le plus élevé, le plus spirituel». Michel Arrivé (1981:29) termine son étude du symbole en avouant que le texte de Hjelmslev est quand même «assez fortement ambigu» avec sa remarque en 1953 concernant l'exploitation du symbole pour séduire les masses : «*by these means a certain Weltanschauung, as it was once called, is banged and hammered into the consciousness and subconsciousness of every single individual*». Les nouveaux médias sociaux de son époque, radio et télévision, n'avaient plus de frontières : «*signs, slogans and propaganda are spread throughout the world*» (Hjelmslev, 1959:92-93).[40]

Face aux médias de la communication sociale, Greimas insiste pour leur trouver une place «sous l'égide non de l'information, mais de la signification» et il souligne l'importance de la figurativité : «l'outillage lexical, comme les motifs», «se prête admirablement, de par le caractère concret, polysémique, valorisant, de ses prédicats, à l'instauration privilégiée d'*une dimension figurative*». Parce que rien n'établit mieux «une communication efficace», pour faire participer des individus aux «systèmes de valeurs assumés», que la figurativité des livres des enfants, de la publicité ou le divan du psychanalyste (1976a:55-59).

La figurativité prend ainsi la relève des figures nucléaires du niveau sémiologique dans *Sémantique structurale* pour saisir la systématicité du symbole. Et comme moyen d'établir une communication efficace, Greimas attribue à la figurativité la force d'une «efficacité symbolique» : notion introduite par Lévi-Strauss (1949:24), pour exprimer cette «propriété inductrice», qui est, selon Hjelmslev, capable de séduire les masses.[41]

Avec Greimas, nous résume Ricœur (1966:69-71), le symbole n'est plus une énigme : «le feu de Bachelard n'est pas plus extraordinaire à cet égard que n'importe quel mot de notre dictionnaire». Mais en même temps, le discours cultive aussi une ambiguïté pour nous dire autre chose : «l'ambiguïté calculée est l'œuvre [...] de textes qui

---

40. En même temps, il positionne le rideau de fer comme une frontière sémantique qui demande la traduction de la forme du contenu de la (non-) démocratie et de la (non-)liberté pour que deux idéologies différentes puissent se comprendre (Hjelmslev, 1959:93-94).

41. Bertrand (1985:22) fait ce rapprochement avec Lévi-Strauss dans son analyse du figuratif de *Germinal*.

établissent une certaine isotopie en vue d'en suggérer une autre». Avec la systématicité qui constitue un symbole, Greimas a démythifié le symbole. Mais pour Ricœur, il y a quand même un «mystère du langage» par ce que le symbole veut nous dire : «S'il y a une énigme du symbolisme, elle réside tout entière au plan de la manifestation, où l'équivocité de l'être vient se dire dans celle du discours». Par qui s'exprime l'autre côté du conflit : du côté de la surface, le symbole élève le sens.

L'ambiguïté du symbole se manifeste chez Greimas, quand le signifié symbolique ne s'articule plus à «une sorte de signifiant» au niveau sémiologique, en profondeur, mais à la surface, par la couverture figurative d'un discours. Seul par la figurativité, le discours est capable de suggérer l'existence d'un niveau anagogique, le secret d'une énigme, qui est à déchiffrer par le bon entendeur. Greimas donne des exemples avec le discours parabolique et le discours lacanien (1980a:8). Tout comme le «symbolisme» de Maupassant, qui invite à «déchiffrer son signifié» (1976b:267). Ces types de discours sont trois formes d'une communication sociale qui se distinguent par leur efficacité symbolique, parce qu'ils «garantissent, dit-on, l'assomption du message vrai» (1976b:12,183). Et par ce qu' «on dit», Greimas annonce l'enjeu de sa méthode : l'efficacité symbolique d'une communication assumée.

Suivant le conflit de l'interprétation symbolique de Ricœur, Greimas commence à objectiver l'interprétation symbolique : elle est comme n'importe quel lexème. Ensuite il introduit l'interprétation anagogique pour élever le sens d'un niveau littéral à un niveau spirituel. Et c'est justement cette interprétation anagogique qui représente pour Freud «un retour aux idées pré-psychanalytiques qui prennent pour le sens dernier des symboles ce qui en réalité dérive de ceux-ci par formation réactionnelle, rationalisation, etc. » (Laplanche &Pontalis, 1967:25).

Le signifié symbolique est plus coriace que ce que *Sémantique structurale* fait apparaître et la psychanalyse en dit autre chose que l'ineffable que Greimas lui reproche.

# 5. L'ENJEU DE LA MÉTHODE

Malgré les réserves de Greimas envers la psychanalyse et, peut-être, encore plus, Lacan, le fil rouge dans son œuvre, est un concept que Greimas emprunte au discours lacanien : l'assomption. Ou plutôt la conjonction entre deux termes : la communication assumée. Greimas le reprend à sa manière dans son œuvre de 1965 à 1992 et ce concept nous aide à définir le véritable enjeu de sa méthode. Pour finalement situer la méthode et son enjeu dans le contexte de l'épistémé de la modernité :  les trois maîtres de soupçon *versus* Greimas, maître de la fiducie.

## La morale de l'histoire

Greimas a longuement travaillé sur un précurseur de *Sémantique structurale*. En 1957, il décide de le jeter à la poubelle pour en recommencer un autre. En raison de la thèse épistémologique : la lexicologie, méthode déficiente, qui a été remplacée par une autre méthode plus scientifique (1987c:325 ; 2006:131). Mais aussi en raison d'un enjeu anthropologique. Greimas se heurte dans le dernier chapitre de son précurseur à la difficulté d'une autre recherche : trouver des « critères structuraux objectifs aidant à distinguer le mal et le bien, les valeurs et les aliénations (*Entfremdungen*) » (2017a:130). Comment Greimas a repris la problématique autour du bien et du mal dans sa méthode ?

*Sémantique structurale* rencontre le bien et le mal, sur l'axe de désir, avec l'encadrement axiologique des forces de l'adjuvant et l'opposant par la dimension transcendante du Destinateur, source et dépositaire des valeurs (1966a:179). Puis, avec la modalisation de l'être, il y a la moralisation de la catégorie thymique qui représente les attractions et les répulsions de la catégorie proprioceptive pour évaluer une valeur axiologique en termes de dysphorie ou euphorie (1979c ; 1979a:235). Et finalement, il y a le « sens de la mesure » de la moralisation dans *Sémiotique des passions* (1991a:166,168).

Le sens de la mesure de la moralisation est une évaluation de la passion sur une échelle d'intensité : la moralisation projette des « seuils d'appréciation » sur cette échelle sous la forme d'une norme en termes d'excès ou d'insuffisance. Par exemple, être attaché à l'argent peut être une manière d'être économe ou d'être avare, selon le seuil normatif choisi dans l'évaluation morale. Cette évaluation ne se fait d'ailleurs plus par le Destinateur de l'ordre transcendant : l'actant évaluateur de la moralisation fait partie de la passion comme un observateur de nature sociale (1991a:154,164). La tâche de l'observateur social est de réguler la dimension du devenir et de l'intersubjectivité des passions (1991a:88,166,172). Dépasser les seuils moraux fait augmenter par exemple l'instabilité entre les actants (1991a:166,186). L'évaluation morale par l'observateur social est donc de l'ordre de l'usage, comme la praxis énonciative.

Les seuils de la moralisation sont le résultat d'une évaluation, mais ils ne sont pas l'objet à évaluer : «le seuil normatif n'est que le moyen superficiel que l'éthique se donne pour manifester la propriété qu'elle évalue» et elle est donc aussi «le seul indice directement observable» de cette propriété (1991a:113). Parce que la propriété qui est évaluée par la moralisation reste sous la surface : c'est un sujet qui n'est pas dépensier, parce que l'argent représente pour lui une certaine valeur. Même si cette valeur (ou la valence) est méconnue, comme semble être le cas avec la ladrerie, l'évaluation morale détermine la «valeur d'une valeur» (1991a:121).

Selon Ricœur (1985), l'idée de la valeur a «quelque chose d'irritant». La valeur voudrait être «une essence éternelle», qui transcende les évaluations individuelles par une totalité au niveau social. Comme avec la parole, peu sont les gens qui ont vraiment inventé une valeur : «toute prise nouvelle de parole suppose l'existence d'une langue déjà codifiée». Mais cette «objectivité» d'une valeur au niveau social n'est qu'une «étrange quasi-objectivité», parce que la valeur est en même temps aussi une évaluation individuelle concernant les mœurs : la préférence arbitraire du sujet ouvre la voie vers «une sorte de nihilisme éthique pour lequel n'importe quoi serait permis».

Ricœur insiste sur ce caractère mixte de l'évaluation d'une valeur pour introduire une dialectique entre la morale et l'éthique. [42] Du côté de la morale, il y a les sédiments déposés par les «préférences individuelles», qui sont objectivés dans des normes ou la loi : c'est l'obligation de Kant (le devoir). Du côté de l'éthique, il y a le questionnement de l'individu qui exerce sa liberté en visant sa propre finalité : c'est la téléologie d'Aristote (le vouloir). Ricœur cherche à unir ces deux «pôles» d'une valeur par une dialectique et il est essentiel pour Ricœur que la loi morale soit précédée par une intention éthique : seule cette dernière donne la preuve de la liberté d'un sujet.

---

42. Ricœur a repris la différence entre l'éthique et la morale dans plusieurs textes, dont *Soi-même comme un autre* (1990:200-201). Les citations de Ricœur sont prises dans l'article d'*Encyclopedia Universalis* de 1985, sans être complètes. Aller de l'éthique à la norme exige p. ex. de passer par (l'intériorisation de) la loi, afin de «mettre les valeurs à l'abri de l'arbitraire de chacun». Et par ce passage l'«individu devient citoyen» : il entre dans l'espace utopique d'une existence politique.

Mais la liberté de quelqu'un ne vaut rien sans qu'on exige en même temps la liberté de l'autre : c'est ce «soi-même comme un autre» de Ricœur qui me rend l'otage de l'autre, parce que ma préférence le sollicite et sa préférence me sollicite. Donc ne plus croire en ma liberté éthique aura comme conséquence de ne plus croire à la liberté de l'autre et par conséquent «je n'attendrais d'autrui aucun secours». Le sujet s'écrase ainsi lui-même «par le déterminisme». D'où la nécessité de faire précéder la loi morale par la liberté de l'intention éthique de son soi et de son autre.

Greimas reprend cette distinction entre «la morale collective» et «l'éthique de la personne» avec l'interrogation provocative de la parabole, parce que ce «dialogue intérieur» qui «invite à prendre ses responsabilités» est du côté de l'éthique. Pour accéder à des valeurs autres, afin de re-axiologiser un sujet vers une autre morale, il faut passer par la liberté éthique d'une préférence individuelle. Pour Greimas, cette distinction de Ricœur, représente même «une véritable "théologie de la liberté"» (1992:385). Greimas cherche une réponse à la question de «que faire?» qui lui permet de remplir l'obligation de se libérer en tant qu'homme (1959). Contrairement à l'épistémé de son époque, il cherche la réponse du côté de la religion[43].

Donc aussi l'évaluation d'une valeur par la moralisation devrait se faire précéder par une intention éthique. La morale est partout présente dans la méthode de Greimas sous la forme d'une totalité d'une superstructure sociale : par exemple à travers la notion d'un contrat, aliénation de l'homme de son univers transcendant ou l'évaluation morale par l'observateur social des passions. Il est plus difficile de retrouver le côté éthique dans la méthode de Greimas. *Sémiotique des passions* en fournit le meilleur exemple avec la «pure singularité» de la sommation, causée par le sujet protensif, avant d'être encadrée par la morale de «la forme catégorielle de la totalité» (1991a:40-42). Mais aussi cette «sorte de pressentiment de la valeur» protensive du sujet n'échappe pas à une forme de moralisation, parce qu'elle s'appuie sur la fiducie, qui permet de croire à cette «visée» protensive du sujet (1991a:26).

---

43. Vers la fin du documentaire de Beržinis, Greimas pose la question: «Peut-on être psychanalyste, tout en restant chrétien?» (1991e).

En 1983, Greimas se réfère au travail d'Henri Queré, qui, à sa surprise, a remarqué que l'épistémique est surdéterminé par l'éthique (1987h:163). *Sémiotique des passions* reprend cette surdétermination en proposant une « procédure générative » qui « rend compte en quelque sorte de la manière dont le "croire" se constitue : depuis la fiducie [...] jusqu'aux fines structurations de la dimension épistémique et de sa moralisation ». La procédure implique que le croire ne se constitue pas sans une moralisation : « Ce sont les modalisations épistémiques qui sont ensuite moralisées pour engendrer la catégorie fiduciaire » (1991a:217).

L'adhésion épistémique nécessite de s'identifier au monde. Mais cette identification pour « mesurer » l'adéquation entre un « presque-sujet » et un « presque-objet », à l'aide d'un corps sentant et d'une « valence », ne peut pas se passer d'un sentir ce qui est le mal et ce qui est le bien. Et le véritable gain de l'introduction de la tensivité phorique dans *Sémiotique des passions* semble finalement fournir un « sens de la mesure » à cette évaluation morale de l'âme qui a besoin de critères pour faire la différence entre le bien et le mal.[44]

Le *croire* de la fiducie se mesure en confiance et méfiance. Le *croire-certain* épistémique se mesure en certitude et probabilité. Le *croire-certain-bien* de la moralisation dit en quoi ce qui est cru certain est bien ou mal. Pour que l'homme puisse « croire au croire », il lui faut la morale, qui passe par l'éthique (1991:26).

L'insignifiance, ce lieu d'absurdité ou d'inquiétude, n'est-elle pas le lieu d'une indécidabilité du bien et du mal ? L'homme se retrouve sans mesure et il n'arrive pas à constituer la fiducie. Un homme désespéré, à qui manque le pouvoir de croire avec certitude au bien.

---

44. Par ce sens de la mesure, la moralisation devient aussi le lieu où se concentre toute problématique de l'adhésion du sens à l'homme : le contexte du corps sentant (en quoi je m'y identifie), le contexte de l'observateur social (en quoi l'autre s'y identifie) et le contexte déceptif (p. ex. la méconnaissance d'une valence).

## La communication assumée

La première lecture de Lacan par Greimas a eu lieu en 1956, un peu près simultanément que Freud, avec le premier numéro de la revue *Psychanalyse*, dirigée par Lacan et publiée par *La société française de psychanalyse*, qui a été fondée en 1953 (Broden, 2017 ; 2017:26). Le numéro est intitulé *Sur la parole et le langage* et il est présenté comme une ouverture de la psychanalyse aux sciences humaines. Le numéro contient des articles, parmi d'autres, de Benveniste et Martin Heidegger, ainsi que les actes du premier congrès de cette société, dont l'article de Lacan : «*Fonction et champ de la parole et du langage en psychanalyse*».

Dans cet article, Lacan rappelle le champ et la fonction de la structure du langage (méconnu) et de la parole (oubliée), en ce qui concerne leur rôle dans la clinique de l'analyse. Dans l'analyse, il n'y a que la parole et «si c'est le vide qui d'abord s'y fait entendre», c'est parce que c'est une parole vide, comme si le sujet parle en vain. Et puis, parce que toute parole est adressée à l'autre, commence à un moment incertain dans l'analyse la parole pleine, qui permet l'assomption par le sujet de son histoire. La parole pleine a comme effet de « réordonner les contingences passées en leur donnant le sens des nécessités à venir» et le sujet progresse ainsi dans un devenir de sa propre vérité : « L'analyse ne peut avoir pour but que l'avènement d'une parole vraie et la réalisation par le sujet de son histoire dans sa relation à un futur». L'analyse est présentée comme une sorte de *The-making-of* le sujet : par la parole vraie «le sujet y est parlé plutôt qu'il ne parle» (Lacan, 1966:248,283,302).

Pour Greimas, les distinctions faites par Lacan entre les différentes «fonctions» de la parole sont déplacées : la science décrit des valeurs et elle ne les postule pas (1966a:58). Mais l'assomption, c'est une autre histoire, parce que ce concept permet de se débarrasser de la distinction inopportune entre l'inconscience et la conscience. Comme avec le genre, le linguiste a du mal à s'imaginer une catégorie grammaticale basée sur cette distinction : «le pluriel passerait dans le subconscient, et l'indicatif s'opposerait au subjonctif inconscient». Greimas souscrit à ce qu'a dit Merleau-Ponty : cette distinction n'est plus pertinente pour les sciences de l'homme. Greimas est gêné par la dichotomie entre la conscience et l'inconscience et il décide de suivre, «personnellement, avec beaucoup d'intérêt les efforts d'un Lacan qui cherche à lui substituer le concept d'assomption » (1966a:190).

L'assomption n'a jamais été un concept en psychanalyse, comme par exemple la forclusion ou le symbolique. Dans le *Vocabulaire* de Jean Laplanche et Jean-Bertrand Pontalis (1967), le mot figure à trois endroits, pour dire que le sujet doit assumer quelque chose : affirmer ce qui lui est propre et rejeter ce qui ne lui est pas propre, donc l'autrui.[45] Mais le mot ne reçoit pas le statut d'un concept psychanalytique. Donc il est difficile de saisir à quoi Greimas pensait quand il disait que Lacan allait substituer l'assomption à la distinction entre inconscient en conscient.

Pour Greimas ce terme prend toute sa valeur sur l'axe de la communication, parce que, «par-delà les distinctions de la conscience et de l'inconscient», il permet de s'imaginer une communication assumée, «aussi bien par le destinataire que par le destinateur» (1966a:98,190). Lacan (1966:298) n'utilise jamais ces deux termes ensemble. Mais dans son article, il situe la communication du côté de la fonction du langage : «Le langage humain constitue une communication où l'émetteur reçoit du récepteur son propre message sous une forme inversée». La communication assumée est la conjonction d'une parole individuelle et d'un langage commun, qui permet l'inversion d'un message.

Pour situer la communication, dans *Sémantique structurale*, Greimas paraphrase Lacan avec «deux sortes de folie qui guettent l'humanité» : «l'exaltation de la liberté totale dans la communication» (la schizophrénie) et «la parole totalement socialisée, itérative» («tu causes» de

---

45. Il s'agit de l'assomption jubilatoire de sa propre image spéculaire, de son propre sexe et de son propre Œdipe (Laplanche &Pontalis, 1967:80,311,452). Lacan (1966:254) y ajoute l'assomption de son désir, sur lequel il ne faut pas avoir cédé et le «je» est pour lui «la pointe permanente de l'assomption». L'affirmation (*Bejahung*) est le concept le plus proche d'assomption, mais il évoque un acte (de jugement), comme la (dé)négation. L'assomption est plutôt l'idée d'adopter quelque chose, même de l'inclure dans le corps ou le moi : l'advenir du sujet. Ce qui se complémente par son opposé : l'expulsion par un rejet (*Verwerfung*) (Lacan, 1966:387). De côté de Greimas, l'attraction et la répulsion de la masse phorique vont dans cette direction, mais l'acte de négation est chez Greimas primaire pour faire advenir la signification (1991a:40-41). Il y a l'affirmation, suite à l'identification de l'acte épistémique (1983e:134). Et Greimas décrit l'instance de l'énonciation, cette «grande parabole du sujet», comme un vide, qui produit l'énonciation énoncée : le sujet ne s'affirme que par ce qu'il expulse hors de lui comme n'étant pas lui (1977c:99;1987h:165;1987i:7).

Quenau). Pour ce qui est de la première folie, personne ne partage de code commun au niveau métalinguistique : la non-communication, avec une parole individuelle sans fonction de langage. Pour ce qui est de la deuxième folie, tout le monde se partage le code commun, mais ne fait que répéter le même message : «la négation de la communication», avec un langage commun, mais sans parole individuelle (1966a:39).

Pour Greimas, communiquer, comme d'ailleurs avec le schéma narratif, c'est éviter l'aliénation de l'individu. Il faut l'inscrire solidement dans la société (1976a:50 ; 1983a:12). Mais sans que l'individu se dissolve dans la foule : il lui faut aussi la liberté d'être quelqu'un de particulier. Une parole individuelle et un langage commun. Mais après, une fois que Greimas se sera détaché de la manifestation dans *Sémantique structurale*, il aura mis l'univers sémantique à la place du langage : l'homme s'inscrit dans le collectif par l'ordre transcendant des valeurs de cet univers sémantique (1966a:104). L'acte de l'individu et des valeurs communes.

Pour reprendre la formulation de Lacan (1966:298-299), paraphrasé par Greimas (1966a:39) : «On voit donc l'antinomie immanente aux relations de la parole et du langage. À mesure que le langage devient plus général, il est rendu impropre à la parole, et à nous devenir trop particulier il perd sa fonction de langage. [...] Finalement, c'est à l'intersubjectivité du "nous" qu'il assume, que se mesure en un langage sa valeur de parole». Dans une parole à l'autre, chez Lacan, c'est par le langage que le sujet s'assume. Chez Greimas, l'assomption ne passe plus par le langage, mais par les valeurs transcendantes de l'univers sémantique.


## L'analyse psychanalytique

À plus d'un endroit, Greimas s'inspire de l'analyse psychanalytique. Sans en être très enthousiaste, il y trouve un lieu de réflexion : comment guérir l'homme de sa maladie? En 1965, l'année du suicide de Sebag, dans une conférence aux États-Unis devant deux associations d'émigrés lituaniens, Greimas se prononce sur ce sujet le plus explicitement.[46]

---

46. Il s'agit d'une association fondée aux États-Unis en 1954 : *Santara*, et une autre association fondée en Allemagne en 1946 : *Šviesa*, également active à Paris.

Que dire à ses patriotes exilés ? Greimas parle beaucoup des mythes, de la coexistence de la contradiction et de l'importance de les traduire en idéologie : prendre conscience de la contradiction, plutôt que d'être dupe de son engagement dans un mythe. Mais la lutte idéologique, suite à une telle démythification, ne peut pas se faire sans promouvoir une autre axiologie. Sinon la révolte est dénuée de sens et n'engage à rien. Donc au lieu de déclarer que « les valeurs sont toutes vides de sens », il faut affirmer et justifier des valeurs positives. Promouvoir une axiologie devrait être la mission politique de ces deux associations (2017a:127,130-139 ; 230).

Dans la conférence de Greimas, l'analyse psychanalytique ne fait pas exception à cette logique politique d'une nation. Prendre conscience du mensonge d'un mythe personnel ne fait guérir personne : cela ne fait qu'aggraver la situation du patient. Il est inacceptable d'enlever le mythe au malade, alors qu'il permet au malade de vivre, sans lui proposer un autre : « car il y a de fortes chances qu'il y fasse face en sautant du pont » (2017a:133). Donc, tout le problème de l'analyse est de normaliser le mythe actuel du patient et de le remplacer par « un autre système de valeurs qui lui permet de vivre et de se réconcilier avec les gens et les choses ». Et peu importe si le mythe est inconscient ou pas : « C'est l'homme lui-même, et non pas sa conscience, qui s'engage de façon inconsciente, envers certaines valeurs ». Et cet engagement inconscient de l'homme envers des valeurs mérite « le nom international » de l'assomption : sur le divan de l'analyse, il faut « des-assumer » et « ré-assumer » les valeurs d'un homme (2017a:131,133). On retrouve ici le passage du langage de Lacan aux valeurs de Greimas. Greimas utilise aussi l'expression de désémantiser ou resémantiser le monde, mais le concept de l'assomption, comme l'axiologie, implique l'homme : c'est la sémantique assujettie.

---

La conférence s'est tenue à *Tabor Farm* près du lac Michigan, propriété de Valdas Adamkus avant qu'il ne retourne en Lituanie, où il a été élu président en 1998 et en 2004. Sans mâcher ses mots, Greimas s'exprime sur ce qui devrait être le rôle des associations pour l'avenir de la Lituanie et il termine avec une définition de la politique : la lutte idéologique pour l'axiologie d'une nation (2017a:139). Greimas écrit que la transmission de son message n'a pas été un grand succès (2017a:230). Mais cela ouvre la question de la position de Greimas, exilé, face à sa patrie, pays de ses parents, déportés par les Russes en juin 1941. La Lituanie n'a survécu que par la résistance de son peuple : l'union d'une camaraderie, qui se retrouve dans une foi d'être libre (1993:34,92 ;2017a:99).

Vingt-cinq ans plus tard, *Sémiotique des passions* reprend l'assomption des valeurs : l'assomption repose «sur le remaniement du dispositif modal et, éventuellement, sur de nouvelles modulations tensives» d'un sujet et ce dispositif peut se mettre à la place de la frustration, l'insignifiance ou l'absurde (1991a:102).[47] L'idée de transformer la vie intérieure de l'homme par l'assomption est une idée récurrente dans toute œuvre de Greimas.

Il ne s'agit pas ici de confronter cette description de l'analyse à la théorie psychanalytique : la psychanalyse en dira certainement autre chose. Ce qui compte, c'est de suivre la pensée de Greimas, qui, dans *Sémantique structurale*, a choisi le terme assomption pour se défaire de l'inconscient de la psychanalyse, alors qu'il le reprend pour nommer un engagement inconscient de l'homme. L'assomption contient une force adhésive entre l'homme et le sens, fabriqué de l'inconscient : ce qui fait adhérer le sens à l'homme, sans qu'il ne s'en rende compte, une fois que les axiologies sont en place, c'est l'assomption. Comme si l'analyse psychanalytique est une manière de «dé-tacher» et «at-tacher» les valeurs d'un sujet. Ce qui est tout à fait autre chose que le contexte lacanien du langage et de la parole.

En 1992, Greimas reprend l'analyse psychanalytique à nouveau : «On peut penser ce que l'on veut de la psychanalyse, il faut reconnaître qu'elle a posé une question pertinente concernant la réussite de la communication» (1992:382). La réussite d'une transmission ne se sait que par l'effet de la parole : «l'efficacité prend le nom, que nous avons emprunté à Lacan de *communication assumée*» (1982a:17). Et cette efficacité est constituée d'une manipulation : la persuasion du bien-dire pour convaincre l'autre. Mais le but du bien-dire est de créer un bon entendeur. Ce qui implique qu'il faut être capable de prévoir l'effet de l'efficacité de la communication assumée auprès de l'autre (1977c:93). Freud (1948:565) y trouve la raison pour ranger l'analyse psychanalytique du côté des professions «impossibles». Greimas range l'efficacité dans la première phase du schéma narratif : la manipulation.

La réussite de la communication se transforme ainsi en une question de manipulation de la compétence réceptive : «Assumer la parole

---

47. La recatégorisation est une deuxième manière, plus superficielle, qui déplace le sens en changeant d'isotopie thématique (1991a:102). Le Groupe d'Entrevernes (1976b:127 ;1994a:386) a introduit la notion dans son analyse des paraboles évangéliques.

d'autrui, c'est d'y croire d'une certaine manière, alors la faire assumer, c'est dire pour être cru» (1979a:47-48). La communication des médias sociaux exploite la compétence réceptive par la figurativité. Ainsi que *Maupassant*, qui cherche à établir une complicité avec son lecteur : en insérant un simple «vous», ce texte produit un effet mystique qui veut prendre le lecteur comme témoin (1976b:131). Mais finalement, Greimas est d'avis que le discours parabolique réussit le mieux. «Le discours parabolique n'est [...] que l'institutionnalisation de cette compétence : "parler en paraboles" n'est pas autre chose que traduire successivement une isotopie figurative en une autre» (1976b:239). L'instrument pour réussir la communication assumée est l'efficacité symbolique de la figurativité et les paraboles exploitent cet instrument au mieux.


## Le fait poétique

La parabole devient l'exemple même d'une communication assumée. Mais le premier exemple de Greimas pour illustrer la communication assumée a été la poésie : *Les Fleurs du mal* de Charles Baudelaire dans *Sémantique structurale*.

*Les Fleurs du mal* utilise une figure rhétorique (la métaphore filée) pour créer une équivalence entre deux termes d'une isotopie complexe : l'ambi-valence d'une équi-valence du symbole «boudoir» comme le dedans et le dehors. La présence de cette équivalence ambivalente dans la tête du lecteur est déjà l'assomption : «Le discours qui se déroulera à la suite d'une telle assomption sera bi-isotope». Pour recréer ses deux isotopies, le lecteur ne peut pas passer par la conscience : il y a un imprévu à «sens» qui échappe à la conscience de l'écrivain et le lecteur. Un peu comme l'oblique. Comme si l'itinéraire du sens est autre que celui qui passe par l'appréhension d'un effet de sens. La communication poétique, conclut Greimas, est donc essentiellement une communication assumée : les participants de la communication assument la bi-isotopie ambivalente du fait poétique, sans passer par la conscience (1966a:98-101).

Greimas reprend en 1972 la spécificité du fait poétique, quand le signifiant (sonore) «entre en jeu pour conjuguer ses articulations avec celles du signifié, en provoquant de ce fait une illusion référentielle et en nous invitant à assumer comme vrais les propos tenus par le discours poétique qui voit ainsi sa sacralité fondée sur sa matérialité» (1972:7). Par la voix, l'assomption dote le signifiant poétique d'un statut sacré.

L'affinité entre Greimas et Jakobson, plus que dans les écrits sur la systématique, repose sur ce fait poétique: Jakobson est «un linguiste-poète, mettant la linguistique au service de la poésie, et l'intuition poétique au renouvellement de la linguistique» (1982c:3). Mais en se distanciant du signifiant, Greimas s'éloigne aussi de la poésie. La parabole prend sa place.

## L'intervention divine

Le terme l'assomption ne s'utilise pas qu'en psychanalyse. Par exemple Greimas l'approche d'une maïeutique, qu'il évoque à deux reprises dans son œuvre. Quand la parabole interroge le sujet, c'est la tâche au lecteur de trouver la bonne réponse : «la parabole, abandonnant sa fonction didactique, se veut une maïeutique» (1994a:385). Ailleurs il écrit que la «sémiotique didactique, si elle arrive à se constituer, sera essentiellement une maïeutique», parce qu'au-delà la «théorie du bonbon» gratifiant, un faire persuasif doit instituer «le goût de la vie et de l'action» (1979e:8). Dans les deux cas, c'est le sujet qui est censé accoucher de quelque chose.

Mais l'utilisation dominante du terme, c'est le contexte religieux avec le dogme catholique de l'Assomption : Marie, corps et âme, élevée vers la gloire céleste.[48] L'assomption n'est donc pas une (ré-) incarnation : ce serait plutôt assumer un rôle, comme Jésus qui descend sur terre dans le corps du Christ. L'assomption est l'acte de monter au ciel. Mais l'assomption

---

48. À approfondir avec les nuances de la dormition orthodoxe (le corps reste dans une tombe, alors que l'âme monte) et la résurrection : est-ce que le corps et l'âme montent directement au ciel sans mourir ou faut-il passer par la tombe avant de monter au ciel, après une résurrection. Et il n'y a pas que la Vierge Marie, mère de Jésus, mais il y a aussi p. ex. l'histoire de l'assomption de Moïse. L'assomption reprend ainsi d'ailleurs les représentations chrétiennes, ce «fond de croyances collectives», qui figurent aussi, mais autrement, en tant que Destinateur, dans l'analyse de *Maupassant* (1976b:143,237,245).

n'est pas non plus une ascension : l'ascension est un acte actif d'un sujet qui monte. Le sujet assumé reste passif : comme dans un miracle, l'élévation se fait par l'intervention divine et c'est la divinité qui assume le corps et l'âme dans l'ordre transcendant.

Dans la terminologie de Greimas, l'assomption peut être située dans la relation du sujet et l'univers transcendant du Destinateur et du Destinataire. L'échange de la communication se produit par un don, où le sujet perd ce qu'il offre. Mais sous l'expression de communication participative, Greimas a aussi défini un don par un Destinateur qui offre quelque chose au sujet, sans que le Destinateur perde l'objet offert. Pendant la manipulation, le Destinateur attribue par exemple une compétence au sujet, mais sans y renoncer, le sujet l'assume comme un rôle : il s'inspire de la valeur qui lui a été attribuée, par un syncrétisme entre lui et le Destinateur. Par exemple avec l'hostie de la communion, qui porte la trace du corps du Christ, ou le potlatch. Il s'agit d'une sorte de transsubstantiation entre valeurs transcendantes et immanentes, qui passe par une «communication axiologique», pour ré-axiologiser (où «recatégoriser» en termes sémantiques) l'ordre immanent par l'ordre transcendant (1976b:127 ; 1994a:386). Comme si l'intervention divine insufflait la matière, pour qu'elle prenne de la valeur.

Il en est de même pour l'assomption, mais dans le sens inverse. Le Destinataire reprend, au moment de la sanction, ce qu'il avait donné (sans y avoir renoncé) pendant la manipulation, pour le réintégrer dans l'ordre transcendant. Donc le rôle assumé par le sujet pendant la manipulation est repris par le Destinataire pendant la sanction. Et quand il s'agit d'une assomption du corps et de l'âme, l'individu s'inscrit ainsi dans l'ordre transcendant, avec la connotation d'une gloire. La reconnaissance d'un individu, à la hauteur et au service des valeurs de l'encadrement axiologique du Destinateur et du Destinataire.

Mais il est aussi possible de s'imaginer d'autres interventions divines, quand le sujet reste dans son ordre immanent, alors qu'il reçoit un message du Destinateur. Une fois que le sujet reconnaît ce message comme étant «divin», ce message l'assume. Le Destinataire de la sanction lui glisse un «message» dans son corps par une communication assumée : «sa réception est, pour employer le terme lacanien, "assumée", c'est-à-dire à la fois inconsciente et acceptée comme vraie» (1971:29). Les paraboles évangéliques en sont le meilleur exemple.

Le concept de l'assomption, introduit pour éviter différents niveaux de conscience, se retrouve ainsi retraduit, par l'univers transcendant, dans une compétence réceptive qui s'approprie inconsciemment un message vrai. Il est important de souligner le rôle passif de la compétence réceptive, parce que, impliqué dans une communication assumée, tout se passe comme si le jugement épistémique et véridique n'a pas eu lieu : la valeur assume l'homme et pas l'inverse. L'intervention divine ne peut qu'apporter de bonnes nouvelles, donc le faire interprétatif ne semble plus nécessaire.

Le rapprochement avec la notion de l'efficacité symbolique s'impose. Lévi-Strauss (1949) propose ce terme suite à un rituel shamanique, qui aide une femme qui accouche dans la souffrance. Par l'intermédiaire du shaman, il s'agit aussi d'une sorte d'intervention divine, qui va jusqu'à produire des effets dans le corps de femme. La manipulation du shaman se produit par les *symboles* d'un mythe (le «langage») qui deviennent *efficace* à travers les opérations effectuées par le shaman (la «parole»). L'efficacité symbolique témoigne d'un procédé inducteur, qu'on retrouve aussi dans la métaphore poétique (au niveau psychique) ou dans l'analyse psychanalytique (la parole pleine de Lacan). Ce sont les mêmes exemples, que Greimas utilise pour la communication assumée. Mais Lévi-Strauss souligne bien aussi qu'il s'agit moins d'une crise par manque de valeurs, mais plutôt d'une difficulté à transmettre les valeurs de l'ordre transcendant à l'ordre immanent. Dans l'analyse psychanalytique, cette difficulté s'appelle la résistance ou le transfert. Si la malade d'une cure shamanique accepte les valeurs, sans en douter, c'est parce que «la malade y croit, et elle est membre d'une société qui y croit» (Lévi-Strauss, 1949:18). Sans la croyance, la manipulation par les symboles ne sera jamais efficace.

On retrouve ici ses paroles lituaniennes sur la statue de Greimas à Kanaus en Lituanie : «réalité» est seulement celle qui est «crue» (1990b:29). L'intervention divine du miracle, se voit-elle ou faut-il d'abord y croire? Avec la fiducie, Greimas se fie à la croyance : la communication assumée présuppose une croyance et une confiance du côté du sujet. Sinon l'assomption des valeurs ne se fera pas. Que faire alors dans une époque où l'incroyance règne?

## Credo quia absurdum

Pour faire la morale à notre société d'incroyance, Greimas a recours au « *credo quia absurdum* ». Le credo représente pour lui un cri de douleur médiéval, exprimé à travers une histoire ancienne, la tour de Babel, qui se répète dans notre société. Même si pour Greimas, à cause de cette incroyance, « la douleur en est absente ». La société d'aujourd'hui est confrontée à une « multiplicité de discours qui s'entre-pénètrent et s'enchevêtrent, dotés chacun de sa propre véridiction, porteurs de connotations terrorisantes ou méprisantes ». L'effet de cette cacophonie des opinions ne peut engendrer que la malédiction : l'aliénation de l'individu, qui passe « par le langage » et qui débouche « dans le meilleur des cas, sur une nouvelle ère de l'incroyance » (1980a:6,7,10 ; 1983e:131).

Une fois la société de l'incroyance en place, elle « se laisse submerger par des vagues de crédulité » : n'importe quel discours efficace, comme une publicité, provoque de telles vagues. Mais, en contraste avec la parabole évangélique, en quoi consiste le bien-fondé de la croyance : que croire ? Greimas pose ainsi à nouveau la question de l'adhésion : en quoi le sens adhère à l'homme ? Et quelle différence entre les vagues de crédulité d'une colle rapide, le temps de cliquer sur la souris, et une colle qui a besoin de plus de temps avant de trouver sa solidité ? Sans réponse, Greimas est d'avis que le croire a plus de force adhésive que le savoir : « le savoir acquis sur les pièges du savoir est un antidote absolument inefficace ». Parce que le savoir n'a plus la force pour expulser le croire, nous sommes à la merci du « *credo quia absurdum* » (1980a:10 ; 1983e:131).

Freud (1948:350,470) évoque le « *credo quia absurdum* » pour montrer l'absurdité d'exiger un amour universel, qui oblige à faire comme si tous les hommes étaient semblables. Pour lui, le « *credo quia absurdum* » passe par la croyance, pour créer une exception, qui l'exclut de la raison. Mais il faut justement oser se servir de Logos. L'entendement freudien, discerné par Assoun (1984), se fournit d'un antidote contre toute croyance par ses deux dieux métapsychologiques : Logos et Anankè. Freud explique l'absurdité, qui n'a pas besoin d'autre sens.

Greimas veut se défaire du non-sens de l'absurdité : il se met à produire du sens sous la forme d'un encadrement axiologique de l'ordre transcendant. Il instaure une axiologie, dont les valeurs se réalisent par la croyance de l'ordre immanent. Une fois l'ordre établi, le dieu *Perkūnas*, ce «grand chef de la police» de la mythologie lituanienne, exécute les «décisions divines», qui représentent le destin, le *Moira* de la mythologie grecque (1984d:30).

Avec l'Anankè, Freud met le «destin» du côté du savoir : c'est cette nécessité qui résonne du côté de l'homme à travers le Logos, comme la raison de «la force des choses». Les évènements de l'histoire ne se produisent pas par la volonté de Dieu, mais par un savoir qui explique la force des choses. Justement parce que Logos et Anankè «ne sont pas dieux *de* l'Histoire», comme *Perkūnas* chez Greimas, ils peuvent «dans l'entre-deux de l'illusion, avoir *vue*, saisissante, *sur* l'histoire» (Assoun, 1984:18,285).

«La frontière entre l'observable et le souhaitable est difficile à maintenir, nous dit Greimas, surtout pour une sémiotique qui se veut en même temps une axiologie» (1987a:90). Plutôt que de craindre l'incroyance d'un aveuglement axiologique, la psychanalyse tourne ses yeux vers un savoir qui observe ce que le sujet souhaite. Greimas préfère créer des valeurs qui devraient être souhaitables pour l'homme : la bonne utilisation de la sémiotique y retrouve son destin avec l'interrogation provocative.

## L'interrogation provocative

Greimas précise en 1985, dans son entretien avec Zinna, trois préoccupations pour l'avenir de la sémiotique. Les deux premières concernent la sémiosis : (1) au plan du contenu, il reste la sémiotique discursive à faire, du côté de la manifestation et (2) au plan de l'expression, non étudiée, il faut combler le manque de trajet génératif. La troisième parle de l'aventure axiologique : la quête des valeurs d'un sujet par le programme narratif. Bien utiliser la sémiotique, c'est s'acquitter de la tâche idéologique de «*valoriser le monde*» (1986e:57). Il faut séduire l'homme pour qu'il soit prêt à assumer de nouvelles axiologies dans son aventure axiologique.

Dans un de ces derniers articles, Greimas donne l'exemple d'une bonne utilisation de la sémiotique avec la parole parabolique de Jésus. Grâce à l'efficacité de la figurativité, la parabole n'est pas la clôture du texte, mais plutôt une parole ouverte. Et par cette ouverture, la parabole est capable de «faire entendre un discours autre» à l'autre et d' «établir une communication assumée» qui instaure «l'affirmation d'un univers de valeurs autre» (1977b:237 ; 1994a:384).

La bonne utilisation de la sémiotique, afin de créer et de transmettre des valeurs qui devront être souhaitables pour l'homme, repose sur une dialectique entre l'interrogation et la responsabilisation. Greimas donne un exemple de cette dialectique avec la parabole (1994a). D'abord elle érige le quotidien et l'évènementiel en interrogation. Et puis, c'est au bon entendeur de trouver la «bonne réponse», ce qui permet à la parabole d'opérer «le transfert de responsabilité sur l'énonciataire». Greimas évoque l'exemple de la loi. Les paraboles rabbiniques et coraniques n'interrogent pas la loi : elles fournissent la bonne réponse au lecteur. Mais dans la parabole évangélique, «Jésus paraît surtout soucieux d'interroger la Loi et, sans jamais la renier, de l'ouvrir en la problématisant». Une parole ouverte, qui se distancie de la loi par le péché, oblige le lecteur à trouver la bonne réponse. Et par cette réponse, la parabole transfère la responsabilité au lecteur : c'est «*sa* morale de l'histoire» (1994a:384). La parabole sort le lecteur ainsi «du cadre taxinomique prévu» vers «un ailleurs qui ne s'identifie pas avec l'espace où sont disposées les anciennes valeurs». (1977b:236) Jésus remplit ainsi la tâche de valoriser le monde, parce qu'il sait déplacer une conduite morale vers une autre axiologie.

Dans une autre parabole, Jésus fait exactement la même chose en réponse au défi : la provocation de la gifle. Au lieu de ne rien faire ou en la rendant, «Jésus conseille une solution déviante : présenter la joue gauche. Il s'agit là non seulement d'un refus de "jouer le jeu", mais en même temps de proposer un autre code de l'honneur» (1982b:46). À la provocation répond une autre provocation, ce qui fait s'interroger la personne qui a giflé, mais donc aussi le lecteur. La parole ouverte d'une interrogation provocative invite ainsi à assumer une autre axiologie de l'honneur.

Le raisonnement parabolique aide à « tracer de nouveaux sentiers » en posant une interrogation provocative, qui permet au lecteur de trouver et d'assumer des valeurs inconnues (1977b:392). Une valorisation, mais, ce qui est plus important encore, une prise de conscience afin de responsabiliser l'homme. Toutes les provocations de l'interrogatoire n'ont qu'un but : prendre ses responsabilités en agissant et en apprenant les nouvelles valeurs d'une axiologie. Ce qui nous permet d'espérer tout en y croyant.

La dialectique entre l'interrogation et la responsabilisation était déjà présente en 1955, dans l'essai de Greimas sur le théâtre de Pierre Corneille. La crise de confiance est désignée dans l'article par « une atmosphère de liberté et de dignité ». Le spectacle de Corneille représente pour Greimas un « lieu d'interrogations » et il montre un homme qui est courbé « sous le fardeau des questions ». Le but du spectacle est d'apprendre à l'homme à assumer ses responsabilités : le « fardeau de ses responsabilités » en tant que citoyen (2017a:171,172). Avec la liberté d'agir et la dignité de sa responsabilité, l'homme cornélien entreprend, tel Don Quichotte, ses « combats pour l'honneur » en s'interrogeant (2017a:180-181).

Mais entre-temps, Greimas a façonné sa méthode pour rendre visible la « multiplicité d'isotopies de lecture » de la figurativité (1983d:8). Surtout quand cette interrogation arrive à « provoquer » des sèmes imprévus, qui ouvrent le discours vers de nouvelles isotopies ou vers de nouvelles axiologies. Ce qui oblige l'homme à prendre ses responsabilités.

Pour que l'univers devienne une immense parabole, « dont la lecture doit dégager progressivement des couches de signification de plus en plus profondes », il faut cette interrogation provocative qui vise l'imprévu : « Une méthode ne doit pas apprendre ce qu'il faut lire, mais comment il faut lire pour se trouver à tout instant en face du non connu, de l'imprévu » (1977b:228 ; 1985b:168). L'imprévu de l'interrogation provocative qui doit ensuite se transmettre aussi par une communication assumée.

## Les maîtres du soupçon

Reprenons ce qui a été dit sur la méthode de Greimas dans le contexte de la modernité philosophique des maîtres du soupçon.

Au niveau du sens, la modernité conteste « l'adjudication du sens » : chaque tentative de saisir un sens univoque, fait que ce sens s'oppose à lui-même (Assoun, 1989:734). Greimas perçoit la crise d'un sens insaisissable, mais il souhaite rétablir la consistance. Donc il invente une nouvelle méthode scientifique pour saisir le sens objectivement : une syntaxe sémantique, basée sur le concept d'équivalence. La psychanalyse fait apparaître des fissures dans l'édifice syntaxique : le carré sémiotique est « contrecarré » par un sens qui vient de l'oblique, le pouvoir de la surface ou, suite au *Bedeutung*, le passage à niveau entre les contradictions du carré sémiotique.

Au niveau de la conscience, la modernité conteste la consistance de la constituer : la croyance à un soi ne trouve jamais son soi (Assoun, 1989:732). Là aussi, Greimas perçoit la crise d'une conscience qui est plus ou moins consciente. Mais il choisit de la vider « de la gangue séculaire de déterminations psychologisantes » (1983a:15). Ce qui reste, l'actant, il le remplit ensuite avec les modalités et la dimension pragmatique, cognitive et pathémique du discours. La conscience ne va pas plus loin qu'une existence sémiotique, mais cela restitue quand même la consistance d'un être anthropomorphe. Et là aussi, la psychanalyse fait apparaître des fissures : l'énergétique, la communication assumée, l'adhésion épistémique, le trouble de la peur ou le seuil de l'insignifiance.

Au niveau du sujet, la modernité conteste la conjonction entre sens en conscience : elle substitue l' « adhérence » par la « déhiscence » (Assoun, 1989:731,732). Greimas introduit le sujet sémiotique sous la forme d'un actant, individuel ou collectif, défini par les deux énoncés élémentaires (état et transformation) et doté d'une compétence modale (1980d:16 ; 1971b:27). Mais ce « sujet » sémiotique est une instance syntaxique, qui doit se remplir ensuite d'un investissement sémantique. Comment retrouver la cohérence de ce sujet syntaxique, alors que tout investissement est inconsistant ?

Greimas choisit d'inscrire le sujet dans les valeurs collectives d'un univers transcendant, ce qui résulte en un contrat sur l'axe intersubjectif de la communication. Le contrat représente l'encadrement social et axiologique du parcours d'un sujet dans le schéma narratif. *Sémantique structurale* introduit le contrat par rapport à un ordre qui permet de jouir des valeurs (1966a:195,208). Ensuite les différents types de contrats se multiplient dans la méthode (1979a:71). Mais chaque type de contrat est une manière d'exprimer l'intégration entre l'individu et la société autour de certaines valeurs. Et chacun de ces maîtres du soupçon représente l'impossibilité d'établir un «contrat social», parce que la crise du sujet de la modernité est aussi une crise au niveau social (Assoun, 1989:737,738) :

- La crise de la véridiction, où le mode déceptif oblige le sujet à une quête de l'impression de réalité (1980a:6). C'est le sujet de l'idéologie de Marx : la mascarade par l'idéalisation historique, ce qui empêche toute consistance d'un contrat de la véridiction ;

- La crise des valeurs, où l'encadrement axiologique du schéma narratif oblige le sujet à la quête d'un Destinateur (1997b:1 ; 1970a:234 ; 1991e). C'est la généalogie du sujet-fiction de Nietzsche : par une transmutation des valeurs, il invente ce surhomme, qui ne peut plus garantir, à l'aide d'un Destinateur, la consistance d'un contrat énonciatif ;

- La crise de confiance, ce manque fiduciaire en soi et en autrui, oblige le sujet à la quête des certitudes (1981b). C'est le sujet divisé de Freud : «une *non-congruence du savoir* […] et *de la vérité*», ce qui empêche toute consistance d'un contrat fiduciaire.

La méthode de Greimas est au cœur de la modernité, mais plutôt que de semer le soupçon sur l'interprétation, la méthode est une tentative de sauver l'interprétation par une épistémologie valable pour toutes les sciences humaines. Pour sauver ensuite la consistance de ce qui devrait-être l'humain.

## Le maître de la fiducie

Greimas renouvelle la thèse épistémologique : du côté sens et du côté conscience. Quand «le soupçon à triple puissance» attaque l'interprétation, Greimas se met au-dessus de tout soupçon par une méthode qui porte le moins de sens possible pour transposer du sens (Assoun, 1989:731). Interpréter, c'est la mise en scène d'un spectacle selon la syntaxe sémantique de la méthode : montrer objectivement l'homme et le monde. La forme sémiotique de ce spectacle produit ainsi une sorte de «miroir sémiotique», instituant une fonction réflexive, qui est censée apporter la lucidité pour que le sujet ne soit pas dupe de son propre engagement.

Puis, l'enjeu anthropologique fait de la morale, quand il faut responsabiliser l'homme dans son aventure axiologique. Au devoir-être de la forme sémiotique se rajoute un devoir-être de l'homme. Le spectacle du miroir sémiotique devient la mise en scène des valeurs transcendantes, qui fournissent une direction à l'agir de l'homme. Et finalement, la sémiotique se transforme en axiologie avec l'introduction de la fiducie : le lieu de la croyance et de la confiance en une valence. La fiducie est devenue une sorte de degré zéro de toutes les conditions, nécessaires à l'apparition de la signification en tant que valeur. Sans fiducie, la fonction réflexive du miroir sémiotique est exposée à l'inconsistance d'un aveuglement axiologique.

Dans le discours juridique, le pacte de fiducie représente la promesse de restituer un bien, qui a été mis dans les mains d'un fiduciaire. Son invention par le droit romain légalise donc ce qui manque dans la société : la parole d'honneur en laquelle une société peut faire confiance. En 1792, la Révolution française a voulu abolir la fiducie pour mettre fin aux droits de la propriété féodale. Au moment de la réintroduction de la loi sur la fiducie en 2007, une des propositions refusait le rôle de fiduciaire à ceux qui avaient fait des choses contraires «à l'honneur, à la probité ou aux bonnes mœurs» (Richemont, 2006:23). La fiducie incarne un idéal dans la relation intersubjective, qui est plus ou moins présent au niveau législatif ou au niveau social.

Autrefois, avec les médias, il s'agissait de placer la communication sociale sous l'égide de la signification (1976a:59). Maintenant, avec les passions, la signification ne suffit plus : il lui faut la fiducie. « La communication entre hommes est, de façon générale, écrit Greimas, non pas informative, mais passionnelle. C'est une confrontation de pouvoirs et de vouloirs, le tout baignant dans une atmosphère de fiducie, c'est-à-dire de confiance et de défiance » (1985b:170). Dans la relation à l'autre, il faut être capable de croire à ce que vaut une signification et ensuite être (ou non) à la hauteur de cette valeur. L'honneur maintient debout l'axiologie, alors que son effondrement (fiduciaire) entraîne la honte.

*Sémiotique des passions* s'imagine le devenir d'un état, avec l'identification du croire-certain de l'adhésion épistémique et l'instauration d'une valence. La fiducie est un lieu de rencontre : c'est la condition minimale pour faire apparaître une valeur et, en tant que « croire au croire », elle instaure la compétence du sujet qui lui permet de croire à une valeur (1991a:28-29).

Alors que les maîtres du soupçon de la modernité ouvrent grand la porte à la déhiscence, Greimas ouvre une porte étroite pour réinstaurer l'adhérence. Maître de la fiducie, il maintient ainsi une force adhésive pour les valeurs, toujours transcendantes, qui servent à raccommoder le sens et la conscience.

# CONCLUSION

L'«esprit de géométrie» de Hjelmslev a déterminé l'épistémologie de la méthode de Greimas. Mais faute d'un tel esprit, Jakobson avait la finesse de ses «étincelles de génie», qui ont su inspirer Greimas, autant que le plaisir de la poésie (1982c:3). L'influence de Jakobson a été décisive pour l'idée de la générativité, par la combinaison des sèmes et sémèmes (1986e), et pour l'idée du fonctionnement métalinguistique, par la combinaison de la paradigmatique (Lévi-Strauss) et de la syntagmatique (Propp) (1983b).

Ce ne sont que deux idées novatrices d'une recherche de méthode par un homme qui dit avoir passé son temps à «éviter la créativité» (1991b:15). La créativité est trop souvent confondue avec l'originalité, alors que la créativité d'un esprit n'est que ce «rapport privilégié qu'il entretient avec l'épistémé de son temps» (1991b:15). Un individu, inscrit dans la société de son époque, «ne peut que participer à l'épistémé de son époque, mais ce qu'il en retire semble devoir s'intégrer dans une autre chose, dans un faire, notamment, qui comporte sa propre logique» (1976a:40).

Cette logique, propre au faire de Greimas, constitue également la pensée de Greimas : sa façon de penser, qui a eu comme résultat un riche discours scientifique sur une méthode sémiotique. Et il faut être capable de participer à la logique de la rationalité greimassienne, que cet article tente de rendre visible, sans être complet. Toute parole convaincante commence par là.

L'exemple exemplaire d'une telle parole est *Sémantique structurale*. Il existe de nombreux sujets, qui réapparaissent, du début à la fin, implicites ou explicites, à différents endroits, pour parler de la même chose, dans un autre contexte. La lecture exige un va-et-vient entre différentes pages pour saisir le fil de la pensée de Greimas et apprendre comment ses concepts de la méthode se sont imposés. Le lecteur est obligé de chercher le fil conducteur de cette recherche de méthode et ceci est un des atouts, qui font toute la force du livre. Une cohérence, du début à la fin, entre sens et science.

Par contre, le *Dictionnaire raisonné* fige la pensée. Une méthode n'est pas qu'une terminologie et le côté raisonné du *Dictionnaire* se limite à un renvoi d'un terme à l'autre. Cela n'est pas suffisant pour incarner la rationalité greimassienne. Le *Dictionnaire raisonné* sert trop souvent à grappiller des termes, dont l'utilisation est peu convaincante.

Puis, après la pensée, il faut poser la question de l'objet de la pensée. Faut-il essayer de s'imaginer l'origine du monde, avec «ce petit vent de plénitude [...] où l'homme rejoint le monde dans une fusion totale, qui débouche sur la certitude» (2004:50)? Ou bien faut-il séparer l'homme et le scientifique pour s'en tenir à la forme sémiotique? La sémiotique doit-elle avoir l'ambition de comprendre la «totalité» du monde? Ou bien la «totalité» pertinente lui suffit-elle?

Descendre vers une profondeur encore plus profonde, avec la masse phorique, n'est pas très convaincant non plus. Il vaut mieux s'attaquer à la surface du signifiant, comme le dit Greimas dans son entretien avec Zinna (1986e:57). La manifestation de la sémiosis est la véritable mise en scène du contenu. Donc il faut utiliser la compétence acquise de la syntaxe sémantique, pour chasser le sens au plan de l'expression, où le signifiant fait jouer le sens, joue avec le sens et joue des tours au sens. L'analyse du texte ne produira que «*Mehr licht*», en mettant «en lumière la valeur de la différence», comme l'écrit Groupe d'Entrevernes (1979:192) dans son introduction à l'analyse sémiotique, ainsi que la valeur de l'équivalence sémantique, et en conquérant le plan de l'expression (Rastier, 2017b).

Pour terminer avec l'épistémé. Intrigué par les maîtres du soupçon, Greimas, maître de la fiducie, veut réparer le soupçon de l'interprétation par la mise en scène syntaxique de la relation entre l'homme et le monde en termes de signification et du croire-certain-bien d'une axiologie. Mais rien n'empêche la sémiotique de s'interroger sur sa propre thèse épistémologique pour mieux inscrire le soupçon de la modernité. Et de retrouver son enjeu anthropologique auprès du sujet divisé de la modernité. Cet article a voulu l'illustrer par un dialogue avec la psychanalyse.

Trois aspects, pour retrouver une parole convaincante. Dans une quête collective qui reste à la hauteur du double enjeu de la sémiotique : «un savoir sur ce savoir pour l'homme qu'est la signification» par le spectacle du miroir sémiotique qui nous aide à réfléchir sur nous-mêmes (1979b:5).

# RÉFÉRENCES

Arrivé, Michel

1981     Le concept de symbole en sémio-linguistique et en psychanalyse. Approche lexicologique du problème. (Première partie), *Documents de recherche du Groupe de recherches sémio-linguistiques* 25, p. 5-31

1986     Linguistique et Psychanalyse. Freud, Saussure, Hjelmslev, Lacan et les autres. Paris : Méridiens Klincksieck

Assoun, Paul-Laurent

1984     L'entendement freudien. Logos et Anankè. Paris : Editions Gallimard

1989     Crise du sujet et modernité philosophique : Marx, Nietzsche, Freud. *Dans* : Jacob, 1989: p. 731-738

2002     La société phobique à l'épreuve de l'anthropologie freudienne. *Dans* : Assoun, Paul-Laurent & Zafiropoulos, Markos (éds). L'anthropologie psychanalytique. Paris : Economica, p. 17-25

2013     Masculin et féminin. Genre et sexe, *Pause Santé* 1503, p. VI-XI

Barthes, Roland

1957     Histoire et sociologie du Vêtement. Quelques observations méthodologiques, *Annales. Économies, Sociétés, Civilisations* 12-3, p. 430-441

1973     Le plaisir du texte. Paris : Seuil

Benveniste, Émile

1966     Problèmes de linguistique générale 1. Paris : Gallimard

1974     Problèmes de linguistique générale 2. Paris : Gallimard

Bertrand, Denis

1985     L'espace et le sens. *Germinal* d'Émile Zola. Paris-Amsterdam : Hadès-Benjamins

Bordron, Jean-François

1987    Descartes. Recherches sur les contraintes sémiotiques de la pensée discursive. Paris : Presses universitaires de France

Bösiger, Thierry

1989    Le discours et ses fractures. Essai pour une syntaxe du pathologique. Thèse de doctorat en Psychologie, soutenue en 1989 à l'École des hautes études en sciences sociales à Paris

Broden, Thomas F.

2017    Vie et œuvre d'A. J. Greimas (1917-1992), *Texto ! Textes et Cultures* 3. *Hyperlien* : www.revue-texto.net/index.php?id=3892

Buyssens, Eric

1967    La communication et l'articulation linguistique. Bruxelles : Presses Universitaires de Bruxelles (Révision de son livre *Les langages et le discours*, paru en 1943)

Chevalier, Jean-Claude & Encrevé, Pierre.

2006    Combats pour la linguistique, de Martinet à Kristeva. Essai de dramaturgie épistémologique. Lyon : ENS

Colliot-Thélène, Catherine

2004    Expliquer/comprendre : relecture d'une controverse, *Espaces Temps Les Cahiers* 84-86, p. 6-23

Courtés, Joseph

1976    Introduction à la sémiotique narrative et discursive. Méthodologie et application. Paris : Hachette
1991    Analyse sémiotique du discours. De l'énoncé à l'énonciation. Paris : Hachette

Coquet, Jean-Claude

1982    L'École de Paris. *Dans* : Coquet, Jean Claude (éd), Sémiotique : L'École de Paris. Paris : Hachette, p. 5-64

Darmesteter, Arsène

1887    La vie des mots étudiée dans leurs significations. Paris : Librairie Charles Delagrave

Dosse, François

1991    Histoire du structuralisme. Tome I : le champ du signe, 1945-1966. Paris : La Découverte

Droysen, Johann Gustav

1868    Grundriss der Historik. Leipzig : Von Veit

Dumézil, Georges

1969    Idées romaines. Paris : Gallimard

Fenoglio, Irène

2012    Émile Benveniste. Notes manuscrites sur «l'axiologie», *Genesis* 35, p. 157-187. *Hyperlien* : http://genesis.revues.org/1078

Freud, Sigmund

1948    Gesammelte Werke XIV. London : Imago Publishing

Greimas, Algirdas Julien

1948    & Matoré, Georges. La méthode en lexicologie I, *Romanische Forschungen* 60, p. 411-419

1950    & Matoré, Georges. La méthode en lexicologie II, *Romanische Forschungen* 62, p. 208-221

1956    L'actualité du saussurisme, *Le français moderne* 24, p. 191-203 (Repris 2000:p. 371-382)

1957    & Matoré, Georges. La naissance du génie au XVIIIe siècle. Étude lexicologique, *Le Français moderne* 4, p. 256-272

1958    Histoire et Linguistique, *Annales. Économies, Sociétés, Civilisations*, 13e année, 1, p. 110-114.

1959    Laisvės problema egzistencializmo, marksizmo ir freudizmo amžiuje, *Dans* : Kavolis, Vytautas (éd). Lietuviškasis libera lizmas. Chicago: Santara-Šviesa Federation, p. 75-89 (Le problème de la liberté au siècle de l'existentialisme, du marxisme et du freudisme)

1960     Idiotismes, proverbes, dictons, *Cahiers de lexicologie* 2, p. 41-61 (Repris partiellement 1970a:p. 135-155)

1963a    La description de la signification et la mythologie comparée, *L'Homme* 3-3, p. 51-66 (Repris 1970a:p. 117-134)

1963b    Analyse du contenu. Comment définir les indéfinis (essai de description sémantique), *Études de linguistique appliquée* 2, p. 110-125 (Repris 2000:p. 383-400)

1964a    Dramatis personae. Essai de description des actants, *Arena* 19, p. 135-156 (Repris avec quelques changements 1966a: p. 172-191)

1964b    La structure élémentaire de la signification en linguistique, *L'homme* 4-3, p. 5-17 (Repris 1966a:p. 18-29)

1965     Le conte russe populaire (Analyse fonctionnelle), *International Journal of Slavic Linguistics and Poetics* 9, p. 152-175 (Repris avec quelques changements 1966a:p. 192-221)

1966a    Sémantique structurale. Recherche de méthode. Paris : Presses Universitaires de France

1966b    Structure et histoire, *Les Temps modernes* 246, p. 815-827. (Repris 1970a:p. 103-115)

1966c    Préface à la traduction française. *Dans* : Hjelmslev, Louis. Le Langage : une introduction. Paris : Éditions de Minuit, p. 7-21

1966d    Éléments pour une théorie de l'interprétation du récit mythique, *Communications* 8, p. 28-59 (Repris 1970a: p. 185-230)

1967a    L'écriture cruciverbiste, *Dans* : To honor Roman Jakobson: essays on the occasion of his seventieth birthday, 11 Oct. 1966, volume 1. Den Haag & Paris : Mouton, p. 799-815 (Repris 1970a:p. 285-307)

1967b    Note de la rédaction pour *Les mots du psychanalyste* de J.-B. Pontalis, *Social science information* 2-3, p. 39

1967c    La structure des actants du récit. Essai d'approche générative, *Word : Journal of the Linguistic Circle of New York* 23, 1-2-3, p. 221-238 (Repris 1970a:p. 249-270)

1968a    Conditions d'une sémiotique du monde naturel, *Langages* 10, p. 3-35 (Repris 1970a:p. 49-92)

1968b    & Rastier, François. The interaction of semiotic constraints, *Yale French Studies* 41, p. 86-105 (Repris:1970a:p. 135-155)

1969a   Pour une sociologie du sens commun, *Revue romane* 2, p. 129-137 (Repris 1970a:p. 93-102)

1969b   Éléments d'une grammaire narrative, *L'Homme* 9-3, p. 71-92 (Repris 1970a:p. 157-183)

1970a   Du sens. Essais sémiotiques. Paris : Seuil

1970b   Sémantique, sémiotiques et sémiologies», *Dans* : Greimas & al. (éd). Sign, language, culture. Den Haag & Paris : Mouton, p. 13-27 (Conférence de 1966) (Repris 1970a:p. 19-38)

1970c   Sémantique et sémiotique. Un entretien de Pierre Daix avec A.-J. Greimas, *Lettres françaises*, le 19 août 1970, p. 6-7

1971a   Transmission et communication. *Dans* : Doubrovsky, Serge (éd). L'enseignement de la littérature. Paris : Plon, p. 71-83

1971b   Analyse sémiotique d'un discours juridique : la loi commerciale sur les sociétés et les groupes de sociétés (pré-publication), *Documents de travail* 7, Centra Internazionale di Semiotica e di Linguistica, Urbino, p. 1-49 (En collaboration avec Eric Landowski [analyste], Gérard Bucher, Claude Chabrol & Paolo Fabbri [rapporteurs]) (Repris 1976a:p. 79-128)

1972    Pour une théorie du discours poétique. *Dans* : Essais de sémiotique poétique. Paris : Larousse, p. 5-24

1973a   Les actants, les acteurs et les figures, *Dans* : Chabrol, Claude (éd). Sémiotique narrative et textuelle. Paris : Larousse, p. 161-176 (Repris 1983a:p. 49-66)

1973b   Un problème de sémiotique narrative : les objets de valeur, *Langages* 31, p. 13-35 (Repris 1983a:p. 19-48)

1974a   Algirdas Julien Greimas. *Dans* : Parret, Herman. Discussing Language. Dialogues with .... La Haye : Mouton, p. 55-79

1975a   L'énonciation. Une posture épistémologique, *Significação* 2, p. 9-25

1975b   Des accidents dans les sciences dites humaines. Analyse d'un texte de Georges Dumézil, *Versus* 12, p. 1-31. (Repris 1983a:p. 171-212)

1976a   Sémiotique et sciences sociales. Paris : Seuil

1976b   Maupassant. La sémiotique du texte : exercices pratiques. Paris : Seuil

1976c   Sémiotique. *Dans* : La Grande Encyclopédie. Paris : Larousse, p. 10987, 10990

1976d   Entretien avec A.J. Greimas sur les structures élémentaires de la signification. *Dans* : Nef, Frédéric. Structures élémentaires de la signification. Bruxelles : Editions Complexe, p. 18-26

1976e   & Courtés, Joseph. The cognitive dimension of narrative discourse, *New Literary History* 7-3, p. 433-447

1976f   Pour une théorie des modalités, *Langages* 43, p. 90-107 (Repris 1983a:p. 67-91)

1977a   Transcription de la mise au point faite par A.J. Greimas, le 7 mai 1977, lorsque la venue au séminaire d'Umberto Eco, *Bulletin du Groupe de recherches sémio-linguistiques* 1, p. 11-13

1977b   Postface. *Dans* : Groupe d'Entrevernes, 1977:p. 227-237

1977c   & Nef, Frédéric. Essai sur la vie sentimentale des hippopotames. *Dans* : Grammars and descriptions : studies in text theory and text analysis, Dijk, Teun van. Berlin : De Gruyter, p. 85-104

1978a   Cendrillon van au bal ... Les rôles et les figures dans la littérature orale française. *Dans* : Systèmes de signes : textes réunis en hommage à Germaine Dieterlen. Paris : Herman, p. 243-257 (Texte de 1973)

1978b   Pour une sémiotique des passions (Hypothèses de recherches pour 1978-1979), *Bulletin du Groupe de recherches sémio-linguistiques* 6, p. 1-4

1979a   & Courtés, Joseph. Sémiotique. Dictionnaire raisonné de la théorie du langage. Paris : Hachette

1979b   Avant-propos. *Dans* : Hénault, Anne. Les enjeux de la sémiotique : introduction à la sémiotique générale. Paris : Presses Universitaires de France, p. 5-6

1979c   De la modalisation de l'être, *Bulletin du Groupe de recherches sémio-linguistiques* 9, p. 9-19 (Repris 1983a:p. 93-102)

1979d   Avant-propos, *Documents du Groupe de recherches sémio-linguistiques* 9, p. 3-7.

1979e   Pour une sémiotique didactique, *Bulletin du Groupe de recherches sémio-linguistiques* 7, p. 3-8

1979f   Discussions d'ordre général. *Dans*: Sémiotique de l'espace. Paris : Éditions Denoël/Gonthier, p. 182-245 (Il s'agit d'une transcription partielle d'une dizaine d'heures de discussion lors d'un colloque interdisciplinaire en mai 1972)

1980a    Le contrat de véridiction. *Dans* : Gürttler, Karin, R (éd). Le vraisemblable et la fiction. Études présentées au Colloque les 25-25-26 octobre 1974. Montréal : l'Université de Montréal, p. 1-11 (Repris 1983a:103-113)

1980b    Roland Barthes : une biographie à construire, *Bulletin du Groupe de recherches sémio-linguistiques* 13, p. 29-34

1980c    Notes sur le métalangage, *Bulletin du Groupe de recherches sémio-linguistiques* 13, p. 48-54

1980d    Les acquis et les projets. Préface de A. J. Greimas, *Dans* : Courtés, Joseph. Introduction à la sémiotique narrative et discursive : méthode et application. Paris : Hachette, p. 5-25 (Daté le 30 juin 1976)

1980e    À propos du jeu, *Documents du Groupe de recherches sémio-linguistiques* 13, p. 29-34

1981a    2ème entretien avec A.J. Greimas. Propos recueillis par Berke Vardar, *Dilbilim* 6, p. 185-190

1981b    De la colère. Étude de sémantique lexicale, *Documents du Groupe de recherches sémio-linguistiques* 27, p. 9-27 (Repris 1983a:p. 225-246)

1982a    Métaphore et isotopie, *Significação* 3, p. 4-13 (Conférence de 1973)

1982b    Le défi, *Bulletin du Groupe de recherches sémio-linguistiques* 23, p. 39-48 (Repris 1983a:p. 213-223)

1982c    Roman Jakobson, *Bulletin du Groupe de recherches sémio-linguistiques* 24, p. 3

1983a    Du sens II. Essais sémiotiques. Paris : Seuil

1983b    Interview. Zur aktuellen Lage der semiotischen Forschung. Algirdas Julien Greimas im Gespräch mit Peter Stockinger, *Semiotik* 5, p. 265-278

1983c    Observations épistémologiques, *Documents du Groupe de recherches sémio-linguistiques* 50, p. 5-7

1983d    La traduction de la Bible : un problème sémiotique. La traduction et la Bible, *Sémiotique et Bible* 32, p. 1-11 (Conférence de 1977)

1983e    Le savoir et le croire. Un seul univers cognitif. *Dans* : Parret, Herman (éd). On believing : epistemological and semiotic approaches. Berlin et New York : Walter de Gruyter, p. 130-145. (Repris 1983a:p. 115-133)

1984a    Entretien réalisé par Jacques Fontanille, *Langue française* 61, p. 121-128

1984b    Sémiotique figurative et sémiotique plastique, *Documents du Groupe de recherches sémio-linguistiques* 60, p. 5-24

1984c    Ouvertures métasémiotiques : entretien avec A. J. Greimas par Hans-Georg Ruprecht, *RSSI* 4-1, p. 1-23 (Entretien de 1983)

1984d    Les voix du mythe en Lituanie. Entretiens avec Algirdas Julien Greimas. Menés par Jean-Louis Durand, Pierre Ellinger, Pierre Judet de La Combe et Georges-Jean Pinault. Dans : *Lalies. Actes des sessions de linguistique et de littérature* 6. Paris : Université de Paris III Sorbonne-Nouvelle, p. 9-39

1985a    Des dieux et des hommes. Paris : Presses Universitaires de France

1985b    L'outre-sens est l'avenir du sens. Entretien par Michel Costantini, *Communio* 5-6, p. 166-171

1985c    The love-life of the hippopotamus: a seminar with A. J. Greimas. *Dans* : Blonsky, Marshall (éd). Signs. Baltimore : Johns Hopkins University Press, p. 341-362 (Conference de 1976).

1985d    La pensée au carré. Entretien par Jean-Claude Raillon, *Conséquences* 5, p. 4-9

1986a    Ouverture et cohérence, *Bulletin du Groupe de recherches sémio-linguistiques* 38,p. 42-35

1986b    De la nostalgie. Étude de sémantique lexicale, *Bulletin du Groupe de recherches sémio-linguistiques* 39, p. 5-11

1986c    & Courtés, Joseph et al. Sémiotique. Dictionnaire raisonné de la théorie du langage. Tome 2. Paris : Hachette

1986d    Positions et engagements de la sémiotique : entrevue avec A.J. Greimas. Par Aurélien Boivin & Roger Chamberland, *Québec français* 61, p. 42-44

1986e    Algirdas Julien Greimas. Conversation. Par Alessandro Zinna, *Versus* 43, p. 41-57 (Entretien de 1985)

1986f    Au commencement était Greimas. Propos recueillis par Philippe Manière, *Le Quotidien de Paris* 1936, le 11 février, p. 22

1986g    Georges Dumézil, *Bulletin du Groupe de recherches sémio-linguistiques* 38, p. 3

1987a    De l'imperfection. Périgueux : Pierre Fanlac

1987b    Nouveaux développements dans les sciences du langage, Conférence présentée à la réunion internationale de spécialistes des sciences sociales et humaines. Paris : UNESCO. *Hyperlien* : http://unesdoc.unesco.org/images/0007/000768/076826fb.pdf

1987c    Algirdas Julien Greimas. Mis à la question. *Dans* : Arrivé, Michel & Coquet, Jean-Claude. Sémiotique en jeu. A partir et autour de l'œuvre d'A.J. Greimas. Paris, Amsterdam, Philadelphia : Hadès-Benjamins, p. 301-330 (Conférence de 1983)

1987d    Lezione. *Dans* : Marciani, Francesco (éd). Miti e figure. Bologne : Progetto Leonardo, p. 171-178

1987e    Entretien avec A. J. Greimas. Par Pierette Daviau & Louise Milot. *Dans* : Collectif. De Jésus et des femmes. Lectures sémiotiques. Montréal : Bellarmin, Paris : Cerf, p. 209-214.

1987f    3ème entretien avec A.J. Greimas. Propos recueillis par Berke Vardar, *Dilbilim* 7, p. 7-11

1987g    Françoise Bastide, *Documents du Groupe de recherches sémio-linguistiques* 89, p. 3

1987h    Hacia una tercera revolución semiótica. Entretien avec Aage Brandt, *Morphé* 3-4, p.159-165 (Entretien de 1983)

1987i    Préface. *Dans* : Bordron, 1987:p.7-8

1987j    Folklore et mythologie. Problèmes de méthode. *Dans* : Fernandez-Vest, Jocelyne (ed). Kalevala et traditions orales du Monde. Paris : Editions du CRNS, p. 33-38

1988a    En guise d'introduction (Note Sémiotique). *Dans* : Singevin, 1988:p. IX-XI (le 22/09/1985)

1988b    Entretien avec A. J. Greimas. Par Norma Tasca & Claude Zilberberg, *Cruzeiro semiótico* 10, p. 9-16

1989a    En guise de Préface, *Nouveaux Actes Sémiotiques* 1, p. I-II

1989b    Qu'est-ce qu'un mot? Le statut incertain du mot, *Le Français dans le monde*, numéro spécial sur les lexiques, p. 58

1989c    On narrativity. Discussion with Paul Ricœur, *New Literary History* 20-3, p. 551-562 (La discussion a eu lieu en 1984)

1990a    Avant-propos. Quand le souffle ne manque pas, *Nouveaux actes sémiotiques* 6, p. I-V

1990b    Tautos atminties beieškant. Apie dievus ir žmones. Vilnius: Mokslas. (À la recherche de la mémoire de la nation. Des dieux et des hommes)

1991a  & Fontanille, Jacques. Sémiotique des passions. Des états de choses aux états d'âme. Paris : Seuil

1991b  C'est très simple, *Art et Thérapie* 38/39, p. 14-15 (Repris 2017a:303-305)

1991c  & Keane, Teresa M. L'éloge du mot. Considérations méthodologiques à propos d'un nouveau dictionnaire, *Cahiers de lexicologie* 58, p. 93-100

1991d  Un entretien avec Algirdas-Julien Greimas. Par Michel Kajman & Corine Lesnes, *Le Monde*, le 22 octobre, p. 44-45

1991e  Didysis prasmės ieškotojas. Algirdas Julius Greimas. Documentaire de 54 minutes de Saulius Beržinis (réalisateur), Alicija Žukauskaitė (scénariste) et Algimantas Mikutėnas (opérateur). (Le grand chercheur du sens. Algirdas Julius Greimas)

1992a  Entretien avec Algirdas Julien Greimas par François Dosse, *Sciences humaines*, 22, p. 13-15

1993  & Žukas, Saulius. La Lithuanie. Un des Pays Baltes. Vilnius : Baltos lankos

1994a  La parabole : une forme de vie. *Dans* : Panier, Louis (éd). Le temps de la lecture : exégèse biblique et sémiotique : recueil d'hommages pour Jean Delorme. Paris : Cerf, p. 381-387

1994b  Le débat du 23 mai 1989 entre A. J. Greimas et P. Ricœur sur la sémiotique des passions. *Dans* : Hénault, Anne. Le Pouvoir comme passion. Paris : Presses Universitaires de France, p. 189-215

2000  La mode en 1830. Essai de description du vocabulaire vestimentaire d'après les journaux de l'époque. Thèse pour le doctorat ès lettres de 1948. Paris : Presses Universitaires de France

2004  Algirdas Julien Greimas, le maître-mot. Entrevue avec Ugnė Karvelis, *Cahiers lituaniens* 5, p. 47-51 (Entretien de 1991)

2006  Entretien avec Algirdas Julien Greimas (1917-1992). *Dans* : Chevalier, Jean-Claude & Encrevé, Pierre, 2006:p. 121-143 (Entretien de 1982)

2017a  Du sens en exil. Chroniques lithuaniennes. Limoges : Lambert-Lucas

2017b  Les universaux de la narrativité, *Semiotica* 214, p. 29-39 (Conférence de 1984)

2017c    & Broden, Thomas F. De la sémiologie à la sémiotique. Choix de lettres d'A. J. Greimas, *Semiotica* 214, p. 51-66
2017d    & Arrivé, Michel. Greimas et la linguistique, la poétique et la sémiotique au quotidien, d'après sa correspondance inédite avec Michel Arrivé, *Semiotica* 214, p. 77-89

Groupe d'Entrevernes
1977     Signes et paraboles. Sémiotique et texte évangélique. Paris : Seuil
1979     Analyse sémiotique des textes. Lyon : Presses universitaires de Lyon

Hjelmslev, Louis
1928     Principes de grammaire générale. Copenhague : Bianco Lunos Bogtrykkeri
1959     Essais linguistiques. Copenhague : Nordisk Sprog-og Kulturforlag

Jacob, André
1989     Encyclopédie philosophique universelle. Tome 1. L'univers philosophique. Paris : Presses Universitaires de France

Jakobson, Roman
1963     Essais de linguistique générale. Paris : Editions de Minuit
1973     Main Trends in the Science of Language. London : George Allen & Unwin

Jason, Heda
1968     The narrative Structure of Swindler Tales. Santa Monica : Rand

Lacan, Jacques
1956     Fonction et champ de la parole et du langage en psychanalyse, *La Psychanalyse* 1, p. 81-166 (Repris 1966:p. 237-322)
1957     L'instance de la lettre dans l'inconscient ou la raison depuis Freud, *La Psychanalyse* 3, p. 47-81 (Repris 1966:p. 493-528)
1966     Écrits. Paris : Seuil
2007     D'un discours qui ne serait pas du semblant. Paris : Seuil (Le séminaire de 1971)

Lalande, André

1962    Vocabulaire technique et critique de la philosophie. Paris : Presses Universitaires de France

Laplanche, Jean & Pontalis, Jean-Bertrand

1967    Vocabulaire de la psychanalyse. Paris : Presses Universitaires de France

Lévi-Strauss, Claude

1949    L'efficacité symbolique. *Revue d'histoire des religions* 135-1, p. 5-27
1950    Introduction à l'œuvre de Marcel Mauss. *Dans* : Mauss, Marcel. Sociologie et anthropologie. Paris : Presses Universitaires de France, p. VII-LII (1997: 7eme éd. Quadrige)

Lyotard, Jean-François

1954    La phénoménologie. Paris : Presses Universitaires de France

Merleau-Ponty, Maurice

1945    Phénoménologie de la perception. Paris : Gallimard

Metz, Christian

1964    Le cinéma : langue ou langage? *Communications* 4, p. 52-60
1968    Essais sur la signification au cinéma 1. Paris : Klincksieck
1971    Langage et cinéma. Paris : Albatros (1977: Nouvelle édition)
1977a   Essais sémiotiques. Paris : Klincksieck
1977b   Le signifiant imaginaire. Psychanalyse et cinéma. Paris : Union générale d'Éditions
1991    L'énonciation impersonnelle, ou le site du film. Paris : Méridiens Klincksieck

Odin, Roger

1991    Autour de l'analyse textuelle. Entretien par André Gardies, *CinémAction* 58, p. 54-59

Parret, Herman

1989	La sémiotique : tendances actuelles et perspectives. *Dans* :
	Jacob, 1989: p. 1361-1368

Parret, Herman & Ruprecht, Hans-George

1985	Exigences et perspectives de la sémiotique. Recueil d'hommages
	pour Algirdas Julien Greimas. Volume 1. Amsterdam : John
	Benjamins

Pos, Hendrik Josephus

1958	Valeur et limites de la phénoménologie. *Dans* : Keur uit de
	verspreide geschriften van Dr. H.J. Pos. Deel II. Beginselen en
	gestalten. Arnhem : Van Loghum Slaterus (Date de 1952)

Prieto, Louis

1975	Études de linguistique et de sémiologie générales. Genève :
	Librairie Droz

Rastier, François

2017a	Interview avec François Rastier. Par Stéphanie Walsh Matthews,
	*Semiotica* 214, p. 193-198
2017b	De la sémantique structurale à la sémiotique des cultures, *Actes
	sémiotiques* 120, p. 1-22, *Hyperlien*:
	http://epublications. unilim.fr/revues/as/5734

Ricœur, Paul

1965	De l'interprétation. Essai sur Freud. Paris : Seuil
1966	Le problème du double-sens comme problème herméneutique
	et comme problème sémantique, *Cahiers internationaux du
	symbolisme* 12, p. 59-71
1970	Qu'est-ce qu'un texte? Expliquer et comprendre. *Dans* : Du
	texte à l'action. Essais d'herméneutique II. Paris : Seuil,
	1986:137-141
1985	Avant la loi morale : l'éthique. Encyclopedia Universalis.
	*Hyperlien* : https://www.universalis.fr/encyclopedie/ethique/
1989	Narrativité, phénoménologie et herméneutique. *Dans* : Jacob,
	1989: p. 63-71

Renéville, Jacques Rolland de

1982    L'itinéraire du sens. Paris : Presses Universitaires de France

Resweber, Jean-Paul

1992    La philosophie des valeurs. Paris : Presses Universitaires de France

Richemont, Henri de

2006    Rapport sur la proposition de loi instituant la fiducie. Annexe au procès-verbal de la séance du 11 octobre 2006, rapport n° 11 du Sénat

Ruyer, Raymond

1952    Néo-finalisme. Paris : Presses Universitaires de France

Sebag, Lucien

1964    Marxisme et structuralisme. Paris : Payot

Seriot, Patrick

2004    L'affaire du petit drame : filiation franco-russe ou communauté de pensée? (Tesnière et Dmitrievskij), *Slavica Occitania* 17, p. 93-118

Singevin, Charles

1988    Dramaturgie de l'esprit. Dordrecht : Kluwer

Tesnière, Lucien

1959    Éléments de syntaxe structurale. Paris : Klincksieck

Toporov, Vladimir N.

1985    Tradition mythologique lettone et vel- en balto-slave (un fragment du «mythe principal»). *Dans* : Parret & Ruprecht:1985, p. 539-549

Vernant, Jean-Pierre

2007    Œuvres. Religions, rationalités, politique I. Paris : Seuil

Widlöcher, Daniel

1986     Métapsychologie du sens. Paris : Presses Universitaires de
         France

Zilberberg, Claude

1987     Sémiotique et freudisme. Article qui n'a pas été « sanctionné »
         pour être publié, écrit dans le cadre du Groupe de Recherches
         sémio-linguistiques, Décembre 1986/Janvier 1987

# TABLE DES MATIÈRES